JN176023

図解で早わかり

最新 総務・人事・労務の法律と手続き

社会保険労務士
加藤 知美 監修

■本書の3大特色

経営上不可欠な総務・人事・労務の
基本事項を平易に解説

業務に求められる考え方や
問題解決のスキルが身に付く

マイナンバー法、
労働者派遣法など新法や
最新の法改正に対応。

三修社

本書に関するお問い合わせについて
本書の内容に関するお問い合わせは、小社あてに郵便・ファックス・メールでお願いします。
なお、執筆者多忙により、回答に1週間から10日程度を要する場合があります。あらかじめご了承ください。

はじめに

　会社を経営するにあたり必要不可欠と言われる要素である「ヒト・モノ・カネには、実はすべて「ヒト」である従業員の存在が深く関係しています。たとえば「モノ」である部品や機材をもとに商品を作り、他社へ売り込むのは従業員です。また、「カネ」により商品の仕入れを行い、導入した設備を利用し、給料を受け取るのも従業員です。つまり、会社の経営の良し悪しは従業員にかかっているといっても過言ではありません。

　忘れてはならないのが、従業員は一人ひとりが感情を持つ人間だということです。ただ「頑張れ」と奮起を促すだけでは労働意欲が半減してしまいます。優秀な従業員を育てるには、働きやすい職場環境を提供し、個々にマッチした業務を任せ、向上意欲が湧くような人事制度を導入する必要があります。そのための方法が「人事労務管理」です。

　本書では、はじめて人事労務に携わる人にも理解できるように、覚えておくべき知識や心がけるべき内容について解説しています。

　まずは、人事労務管理の中核となる部署である総務や人事が行うべき実務について基礎から説明しています。実務において直面する疑問点や問題点なども、想像しやすいように具体例を入れて解説しました。

　次に、従業員を働かせるにあたり必要になるルール（労働条件）の説明をとりあげています。最新の法律に対応しているため、現状の職場ルールと照らし合わせてみていただければと思います。また、セクハラやパワハラなどをはじめとした、従業員にまつわる労働問題にも対応しています。

　最後に、平成27年より順次開始される「マイナンバー制度」についても解説しました。マイナンバー制度が導入されるにあたり、会社が行うべき実務や対策方法について、順を経て説明しています。

　人事労務の教科書として、本書が皆さまのお役に立つことができれば幸いに思います。

　　　　　監修者　エスプリーメ社労士事務所　社会保険労務士　加藤知美

CONTENTS

はじめに

PART 1　総務の仕事の基本

1	総務の仕事	10
2	総務に求められること	12
3	リスクマネジメント	14
4	内部監査	16
5	クレーム対応の注意点	18
6	経費の使い方やコスト感覚	22
7	社員の勤怠管理	24
8	定期健康診断	26
9	福利厚生	28
10	法人の保険加入	30
11	保安対策・防火・防災	32
Column	女性活躍推進法の成立	36

PART 2　人事の仕事の基本

1	人事の仕事	38
2	欲しい人材の見極め	40
3	社員を定着させるための退職理由の分析	42
4	要員計画・要員管理	44
5	人員計画・採用計画	46
6	採用する際のチェックポイント	48
7	採用にかかるお金	50
8	望ましい採用のかたち	52

9	将来を想定した採用	54
10	人材募集のルート	56
11	応募者の視点に立った採用	60
12	会社説明会の開催と採用選考の開始	62
13	選考方法の決定と書類選考の開始	64
14	応募書類のチェックポイント	66
15	危険な応募書類の見分け方	70
16	面接の実施	72
17	採用通知や不採用通知の出し方	76
18	教育研修	80
19	人事考課	82
20	労務管理	84
21	人事異動	86
22	昇進・昇格	88
23	配置転換と転勤	90
24	出向	94
25	転籍	96
26	パートタイマーの雇用管理	98
27	高年齢者雇用安定法と高齢者の雇用	100
28	障害者の雇用管理	104
29	アウトソーシングと活用業務	106
30	労働者派遣法	108
31	派遣労働者の管理	112
Column	事業場を異にする場合の兼業と割増賃金	114

PART 3　労務の仕事の基本

1	労働契約を結ぶときの通知	116
2	就業規則の作成・変更	118
3	試用期間	120
4	従業員を採用したときの手続き	124
5	不採用や内定取消をめぐる問題点	126
6	労使協定や労働協約	128
7	労働組合の種類と組合への対応の仕方	130
8	法定労働時間の原則と休憩時間	132
9	出張した場合の旅費や労働時間の取扱い	136
10	事業場外労働のみなし労働時間制	138
11	裁量労働制	140
12	変形労働時間制	142
13	フレックスタイム制	148
14	法定休日と休日労働	150
15	振替休日と代休	152
16	年次有給休暇	154
17	賃 金	158
18	平均賃金	160
19	賞 与	162
20	割増賃金	164
21	欠勤・遅刻・早退と賃金	168
22	産前産後休業と就業制限	170
23	小学校就学前の子どもを育てる労働者の労働時間	172

24	介護のための勤務時間の制限	176
25	育児休業	178
26	介護休業・介護休暇	180
Column	朝活と割増賃金の関係	184

PART 4　その他労務管理の注意点

1	セクハラ	186
2	パワハラ	188
3	メンタルヘルス	190
4	過労死の認定基準	192
5	過労自殺	196
6	休　職	200
7	労働者災害補償保険	202
8	解　雇	204
9	解雇予告と解雇予告手当	206
10	退職勧奨	208
11	解雇や退職の手続き	210
12	懲戒処分の種類と制約	212
Column	マタニティ・ハラスメントをめぐる問題点	216

PART 5　マイナンバー制度と実務ポイント

1	マイナンバー制度の全体像	218
2	人事労務担当者がしなければならないこと	220
3	社会保険に関する取扱事務	224

4	マイナンバー導入の手続き	226
5	番号の取得・通知	228
6	番号の取得手続き	232
7	本人確認の手続き	234
8	安全管理体制の構築	238
9	特定個人情報に関する安全管理措置	242
10	中小規模事業者についての安全管理措置の特例	244
11	業務委託と安全管理措置	248
12	データの保存期間や廃棄・削除・漏えい対策	252
Column	マイナンバー法の罰則規定	254
参考資料	税務関係書類への法人番号・マイナンバーの記載時期	255

PART 1

総務の仕事の基本

PART1
1

総務の仕事の基本

総務の仕事

仕事の幅は広く、内容は会社の規模や経営者の考えによって異なる

■ どんな仕事なのか

　一般的に総務とは、会社のヒト・モノ・カネを管理し、経営者を補佐しながら各部門に支援を行う部門です。「会社全体のさまざまな部門の業務をカバーして、社員が働きやすい環境を整え、滞りなく進行するようにサポートする仕事」だと考えていただければよいでしょう。また、経営についてのシビアな問題である各部門の経費削減も担当します。

　総務の代表的な仕事は、①文書の扱いと交渉、②他部門・社員へのサービスです。総務は会社の窓口であり、来客・電話の応対はもちろん、招かざる客にも対処します。株主総会の実務を担当するのも総務です。近年ではとくにクリエイティブな業務をこなす能力、また、新しいことをどんどん考え出し、問題を解決していく能力が求められます。経営的、戦略的総務が近年になって強く求められているのです。

　どの組織でも総務が共通して行う業務は、一言で言うと事務の仕事です。たとえば文書の保存・発送・受理、社員の出勤の管理、備品の在庫管理などです。総務の仕事の成果は、グラフや数字にはっきりとは出てきません。各部門から、「総務のおかげで業務がうまくいっている」という感謝の念を持たれるところに存在意義があります。

■ 会社によって異なる

　会社の規模が拡大するにつれて、各部門が担当する事務は細分化されます。細分化により、総務部門の仕事の範囲は逆に狭

各社事情が違う
総務の経験者が他社へ転職した場合は、前社の仕事と全く異なる業務に面食らうということもよくある。

業務はいろいろ
来客にお茶を出すのも基本的には総務の仕事である。部門の細分化により、総務が引き受けていた業務が別部門に移行した後もなお総務に残っている業務は、明確に分類しにくいという特徴がある。誰がやったらよいのか、どこが担当したらよいかわからない仕事はみな総務に回ってくる。会社全体を見渡し、各部門の業務が円滑に進むようにルールを作り、社員が仕事に集中できるように配慮しなければならない。

小さな会社の場合
総務が労務や経理を兼任することがある。この他、人事や教育も総務の仕事の中に入ることもある。

総務の仕事の特徴

| 総務の仕事 | 経営者を補佐しながら各部門に支援を行う会社の窓口としての役割を果たす |

- どこの組織にも必ずある
- 幅広く重要な業務を担っている
- 経営と各部門との橋渡しをする
- 成果が数字などによってはっきりするものではない
- 会社全体のさまざまな部門の務めをカバーする

- 社員が働きやすい環境を整える
- 会社の業務が滞りなく進行するようにサポートする
- どの部署に属すのかわかりにくい仕事を一手に引き受ける
- 各部門の経費削減を一括して担当する

範囲は会社によってまちまちで企業の規模や業種、社歴、トップの価値観によって異なる

総務
- 事務部門 → 一般的な事務作業（雑用への対処などの作業が中心）
- 会社の総合的な仕事を担当 → 専門性の高い業務（担当者には管理職的な素質や能力が求められる）

くなり、特定の範囲の仕事を担当するようになりますが、その範囲は会社によってまちまちです。また、トップの価値観によって、総務に求められる仕事の性質は大きく異なります。一方、総務が会社の総合的な仕事をまかせる部門だと考えられている場合は、専門性の高い業務が期待され、担当者には管理職的な素質や能力が求められます。

■ どんな人が向いているのか

総務は行動力があり、あらゆる生の情報を取り扱って適切に処理できる人が向いているといえます。自分の業務能力を言葉で表現してマニュアル化したり、チーム・ローテーション制を敷いたりして、総務のブラックボックス化を防止することが総務担当者に求められています。日々知識を蓄積して、何を聞いても的確な回答を返してくれる人も理想的な総務担当者だといえます。

目立たないが重要

総務の仕事は、ふだんはあまり意識されることはないが、円滑に機能していなかったり、担当者がいなくなってしまうと、とても困る仕事が多い。この場合、一般的な事務作業がメインの仕事で、雑用への対処などの作業が中心になる。

総務に向いている人材について

従来は、事務に徹してマニュアルどおりに仕事をこなすタイプの人が好まれていたが、IT化が進み、単なる事務処理はパソコンが担うため、より多彩な人材が求められている。

PART1 2 総務に求められること

総務の仕事の基本

総務に期待されていることは何かをつかもう

■ 経営理念を浸透させる役割を担う

　経営者が世の中に貢献するためにやろうとしていることを基本理念といい、これを時代や環境の変化に適応させたものを経営理念といいます。

　これらを社内および社外に周知させつつ、時間的には中・長期的な目標や計画を立て、部門ごとにも計画や目標を具体化させ、実現を図っていくことを企業活動といいます。

　経営理念のしっかりした会社は、顧客や関係先から高い信頼を得ることができ、イメージアップはもちろん、利益の獲得にもつながります。そのためにも、経営者は、基本理念を明確にしておくことが不可欠です。さらに、社員に経営理念を徹底させ、実現のための行動をとらせることが非常に大切です。

　まず、会社の経営理念をわかりやすく表現し、職場、または入社時・入社後の研修で徹底します。新卒・中途問わず、社員の採用時には、経営理念に賛同した人を採用できるように人を見る目を養っておかなければなりません。入社後も、社員の行動をよく分析し、不適切なものが見つかった場合にはトラブルになる前に速やかに対処しましょう。

　経営者は経営理念を、社員に浸透するように努める必要がありますが、日々の業務に追われ、なかなか満足な時間がとれないのが実情です。このような場合、総務が経営者に代わって、経営理念を全社員に浸透させ、これに沿った行動ができるように教育し、各部門が目標を達成できるように支援する役割を担います。

経営理念の役割

経営理念は、組織が同じ理念を持ち、一丸となってその達成を図ることで利益も伸ばし、会社を成長させるために作られる。総務は各部門の方針を明示し、同じ方向へ進むように配慮する役割を担っている。

総務は間接的な営業部門

消費者、マスコミ、株主、金融機関、就職活動中の学生、取引先、官公庁など社外にはさまざまな人や組織がある。総務が誰に対しても明るく、配慮に満ちた対応をすることで企業のイメージが向上する。その結果、社会的な信頼を獲得することができ、利益に結びつく。華やかではないが利益に大きく影響するのが総務の特徴である。

求められる心構え

解決の糸口を提供し、社員の勤労意欲が復活するように支援することも大切な仕事である。日々の突発的に起きる業務に混乱させられることなく、余裕をもって業務にあたらなければならない。

■ 社員が相談しやすい環境づくりをする

　企業活動は、社員が能力を充分に発揮することで成立します。ただ、最近ではストレスに悩みうつ状態に陥る社員が増え、業務に支障をきたす例が多く見られます。しかし、うつの初期段階や悩みの原因が明確な場合には、相談するだけで解決することもあります。

　このような状況を解決するのも、総務の仕事に含まれます。社員の心と体を健やかな状態にできるよう、さまざまな措置を講じる必要があります。

　まずは、気軽に相談できる窓口を開設して、社員を受け止める体制を作っておきましょう。秘密は必ず守るという信頼感、真剣に考えるという勤勉さと配慮ある言動を日頃から保ち、社員が相談しやすいと思えるような環境を構築する必要があります。

社員の相談窓口

総務に設置が求められる相談窓口では、法的に難しい問題や、また、深刻な問題を解決できない場合がある。このような法的な問題については、弁護士や社会保険労務士などの専門家に相談することによって対応する必要がある。

PART1 3 総務の仕事の基本

リスクマネジメント

さまざまな企業不祥事に対し、適切な情報処理と対処方法を確立した上での速やかな対応が求められる

■ どんな不正や不祥事が想定されるか

「企業不祥事」とは、一般的には企業の不正や犯罪行為、重大な事故などをいいますが、多くの場合、広く消費者や社会の信頼を損なう事件やスキャンダルなども含むといってよいでしょう。つまり、これまでは公表されなかったものが、不祥事として表舞台に出てきたことで、結果として企業不祥事の増加へとつながっているともいえます。

■ 不正が起こった場合にどう対処するか

不正が発覚した場合には、速やかで適切な対応が求められます。具体的には、不正に関する証拠保全の徹底や情報開示の方針決定などの対策です。その不正に関する情報を適切な情報源を選択して採取し、それを早急にかつ正確に把握・検討し、その結果を、適切な時期に適切な相手へ開示します。対処の際には、その不正の組織自体に対する影響だけでなく、その関連組織、さらには社会全体への影響を考慮する必要があります。

不正に関する事実は、一般的には内部調査により行うことになります。この内部調査は、組織の自浄作用を促すものですが、不正が大規模でかつ複雑になってくると、内部調査だけによる自浄作用が働かない場合も多く存在します。そのような時は、外部から招いた専門家による調査が有効です。

さらに、その不正の影響が広く社会に及ぶと思われる場合には、第三者委員会による調査を実施することもできます。不正を起こした組織から独立する第三者からそれぞれの専門的な知

SNSと企業不祥事

フェイスブックやツイッターに代表される、SNS（ソーシャル・ネットワーキング・システム）の飛躍的な普及・発展で、いつでも・誰でも情報発信することができるという状況も、企業不祥事の発覚を促す力になっている。さらに、さまざまな情報をすばやく拡散させるSNSの存在によって、一般消費者などに不祥事を隠し通すことが極めて困難になったといえる。

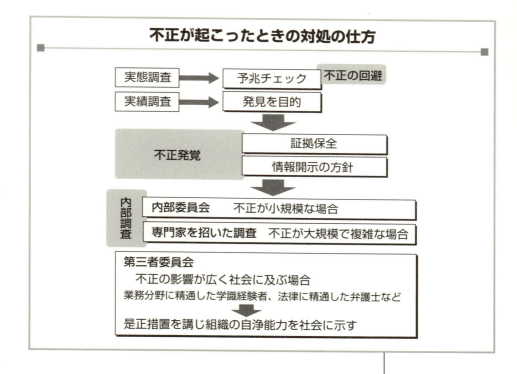

見や提言を収集することで、大局的視野に立った調査や措置が期待できます。第三者委員会は、不正が発生した組織からの独立性が確保され、中立的、客観的な観点から調査、検討、提言を行うことが求められます。

　第三者委員会は、その組織の業務分野に精通した学識経験者、法律に精通した弁護士、会計処理に精通した公認会計士などを招集して構成されます。各々の所掌分野について情報収集を行い、その調査報告書とそれに基づく提言書を作成し、不正が発生した組織へ提出します。第三者委員会を立ち上げた組織は委員会が提出した報告内容や提言内容を報告します。是正措置を速やかに講じることで、その組織の自浄能力を社会に対して客観的に示し、自らの信用が回復するよう、社会に働きかけることができます。

PART1 4
総務の仕事の基本

内部監査

非常事態を引き起こさないための事前対策

■ どんな仕事をするのか

　内部監査とは、監査役や会計監査人が行う監査とは別に、会社の業務活動をチェックして、問題のある作業内容を改善していく行為をいいます。

　近年、メディアをにぎわせているのは大企業の起こす不祥事問題です。そのうちの多くは他でもなく、社内での管理体制に大きな問題が潜んでいます。経営者の自覚が足りないことはもちろん、問題があっても指摘しにくいような古い経営体質が残っていたり、企業倫理や行動基準が不明瞭であったり、または社内でのチェック体制が不整備であったりするなど、さまざまな原因から不祥事は起こりやすくなるようです。

　企業における組織力や集団としての体制が崩れてしまうと、これまで築き、育て上げてきた信頼や優秀な人材は失われてしまいます。とくに、会社の規模が大きくなると、経営者が会社の業務のすべてを把握することは不可能に近いでしょう。社内での不正や犯罪を防止するためにも、内部監査は会社経営にとって最も重要な役割を担っているのです。

　内部監査は、会社の業務全般に精通しており、問題点を躊躇なく経営者に進言できる者から選任します。具体的な業務として、おもに①当初に立てた年度目標の進行状況、②各社員が法令や運営方針、規則を順守し、適切に業務を行っているか、などの経営計画のチェックが挙げられます。各部署の動向にも厳しく目を向け、計画どおりに仕事が進行していない場合には、その部署についての状況分析や情報提供、解決策支援を積極的

内部告発者の保護

平成18年4月から、企業の法令違反行為などを通報した者（内部告発者）を解雇や減給などの制裁措置から保護することを目的とする公益通報者保護法が施行されている。通報先は、①事業所内部、②行政機関（監督官庁など）、③事業者外部（新聞社など）となっている。ただし、取引先や退職した元従業員などの部外者は保護の対象とされていないなど、法の実効性についての問題点も指摘されている。

会計不正とは

意図して会社の数字を操作し虚偽の決算報告をする粉飾決算や、個人使用目的のために会社の資産を意図的に流出させる横領などを会計不正行為という。

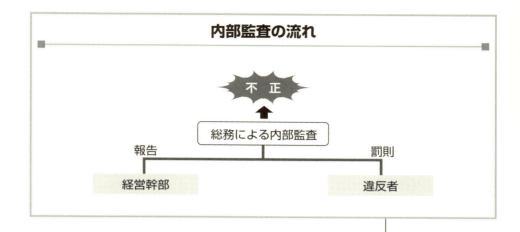

に行うなど、年度計画の実現へつなげていくことが大切です。

なお、内部監査の内容は、監査の非効率化を避けるため、監査役や会計監査人による監査との重複を避けるよう心がけます。

■ 社内の不正を見逃さない

リベートや架空残業、売上げ操作、在庫商品横流しなど、社内で横行しがちな不正の種類は多岐に渡るため、常に中立的な立場から社内不正防止に向けて目を光らせなければなりません。事件が公になってからの対応ではすでに遅いのです。策として、内部監査の強化により効果的な取締りを図り、厳重に不正防止線を張っておく必要があります。万一、社内で違反者が出た場合、就業規則の制裁規定を適用するなどの罰則を科すことで、エスカレートする不正への予防策を講じるのもひとつの方法です。

社会的な信用が失われてしまう前に、総務は企業の倫理やコンプライアンス（法令遵守）の考え方を社員に自覚させるなどして、不正や犯罪が起こらないように務めなければなりません。大きな不祥事へとつながらないよう、社員一人ひとりが安心して仕事に取り組めるような、しっかりとした企業体制づくりを心がけましょう。

経費申請をめぐる不正

会社の役員や従業員は営業活動の一環で、一時的に会社の経費を立て替えることもある。立て替えた経費は最終的には経理が精算し、完結するが、「私的な飲食代をさも営業活動に必要な接待と見せかける」「個人的に購入した備品を会社として必要かのように装う」、といった不正行為が行われることもある。

粉飾決算とは

会社は株主や債権者、投資家といった利害関係者に対し、決算報告をしなければならない。会社として少しでもよい数字で決算報告をしたいのは当然のことだが、よい決算報告ができない場合に、意図して不適切な会計処理をして、売上や利益を過大に計上し、好業績を装うような決算報告をする場合がある。このような虚偽の報告をした決算を粉飾決算という。

クレーム対応の注意点

PART1 5
総務の仕事の基本

誠実な対応を心がけ、冷静に客観的な事実を把握するための調査を行う必要がある

クレームにつながる原因

クレームの原因として、以下のものが挙げられる。
① 「商品が壊れている」「思ったような効果がない」「使い勝手が悪い」「使っていてケガをした」など、商品やサービスによって購入時に期待したような満足を得られなかった場合。
② 「納品が遅れた」「配送時の取扱いが悪かった」「接客態度が悪かった」など、商品やサービスには問題ないものの、かかわる従業員などの対応に納得がいかなかった場合。
③ 「はじめから疑うような態度だった」「生返事ばかりで対応してくれない」など、クレームに対応する担当者が、クレームに誠実に対応しなかった場合。

■ 顧客クレームへの対応

その会社で販売している製品や提供しているサービスに対して、あるいはそれらに伴うさまざまな対応に対して、顧客側が不満や不十分さを感じたときなどに「クレーム」が寄せられます。企業としては、誰が対応しても一定の対応ができる、という体制を作ることが重要です。そのためには、あらかじめクレーム対応の姿勢や方針を定めておき、全社員に周知徹底すること、その上でそれぞれの力量に応じた対応ができるようにするといったことが必要になります。具体的には、対応者に認める裁量の範囲も明確に定めておくとよいでしょう。こうしておくことで対応者も自信をもって対応することができるだけでなく、迅速な対応が可能になります。

責任の所在をはっきりさせることは、通常のビジネスの中でも重要なことですが、クレーム対応については、とくに注意すべき点だといえます。顧客は、クレームの対応方法を通してその企業の姿勢を見ています。相手方は、何らかの被害を受けていたり、あるいは商品・サービスに不満を持っているといった状況です。ただでさえそのような状況にあるのに「担当者が誰なのかわからない」「対応する部署がわからない」などと言われては、よけいに冷静さを失い、温厚な人であっても怒ってしまう可能性が高くなります。

初期対応を誤ると、クレームはさらにエスカレートしてしまうことが多いので、とにかく素早く対応し、責任の所在をはっきりさせることが重要です。

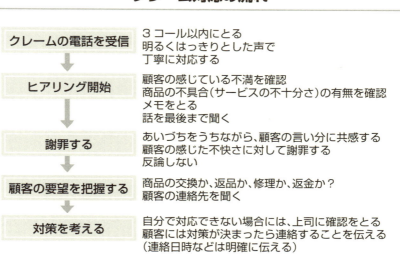

■ クレームの初期対応の仕方

　クレーム対応の流れとしては、まずは顧客からの電話に対し、明るく丁寧に対応します。心がけることは、「電話をすみやかに（少なくとも3コール以内に）受けること」「素直に聞く」ことです。クレーム対応に慣れてしまうと、どうしても気持ちが緩むものです。素直に顧客の声に耳を傾けることを決して忘れないようにしましょう。

　次に、顧客の目線に立ち、気遣う言葉をかけます。その上で謝罪し、事実関係を明確にするために不明点の確認を行います。ここで大切なことは、クレーム内容をしっかり把握することです。顧客が怒りから興奮している場合は、一方的に相手が話した内容だけでは十分な情報を得ることが難しい場合があります。クレームの内容を把握するには、「5W1H」を念頭に置くとよいでしょう。

　聞き取りにより顧客の要望や連絡先を把握したところで、最

クレームに誠実に対応すること

業種・規模の大小を問わずに、誠実に対応することは、クレーム対応の基本ともいうべき原則である。ただし、誠実に対応することと相手の言いなりになることではない。クレーム対応の際には、毅然とした態度で誠実に対応することが大切である。そのためには、相手との間に一定の距離を保つことが重要といえる。

5W1H

5Wとは、いつ（When）どこで（Where）、誰が（Who）、何を（What）、なぜ（Why）の5つで、1Hとは、どのように（how）という意味である。5W1Hを確認できれば、クレームの内容の基本的な部分は把握できる。

後に、これまでの聞き取りや調査をもとに「期限を決めて調査し、結果を報告すること」を顧客に対して約束するという手順が基本的な流れになります。

　クレーム対応をする際に大切なことは、顧客側が感じている不満などを十分にヒアリングすることです。販売している製品についての不具合、提供しているサービスの不十分さなど、顧客が受けたものが不完全であったのかどうかを把握する必要があるのです。次に、謝罪の言葉を述べます。しかし、製品やサービスに落ち度がなかった場合や、その可能性がまだ把握できない時点では、その製品やサービスの非を認めるかのような謝罪は、後々大きな問題に発展する可能性があります。ここでは、顧客が感じた不快さに同調するような謝罪が効果的です。クレームの内容がこちらには全く非のないものであったとしても、ここで反論の弁を述べることは決してしないようにします。最終的に、こちらに全く非がなかった場合には、顧客がすべての話を終えてからていねいに、ゆっくりと説明を行います。その際、「反論の弁」にならないよう、言葉遣いなどに気をつけて行う必要があります。

　対応の終わりには、顧客に対して「ご指摘を頂きまして大変ありがとうございました」と、感謝の気持ちを表すことも重要です。

■ 事実調査・原因調査は慎重に行う

　事実関係を把握するためには、しっかりと裏づけをする必要があります。往々にして人の記憶や情報伝達はあいまいである事が多いため、一人の証言を鵜呑みにせず、関係者全員にそのつど、直接事情聴取を行う必要があります。

　したがって、クレームに発展する問題が生じた場合の事実確認の聞き取り順序としては、まずは顧客からの聞き取りが最初となります。次に、その顧客から聞いた話をもとにして、ク

顧客の話しを聞くときの注意点

メモをとり、クレームの内容を適確に把握するよう努める。

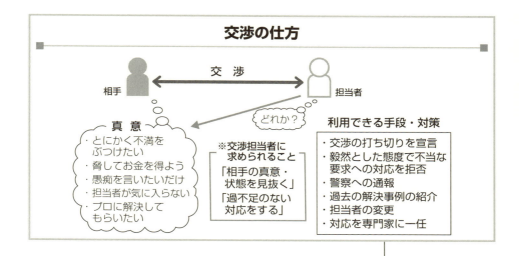

レーム発生時にそれを見聞きした者やクレーム対象者の周囲の者などの第三者からの聞き取りを行います。第三者への聞き取りを行い、最後にクレームの対象者や対象となる物を扱っている人など、直接クレームにかかわる人からの聞き取りを行います。ポイントは、顧客からの聞き取りを行った場合には、第三者からの聞き取り調査を行って客観的な事情をつかむことです。

その後に改めてクレームの対象者から話を聞くと、第三者からの聞き取り過程を経ずにいきなりクレーム対象者からの聞き取りを行った場合よりも、客観的に事実関係を調査できます。

■ 交渉する際に気をつけること

交渉を行うための前提として、クレームへの対応方針を決める必要があります。そして、方針が決まった後に、実際の交渉を担当する人間を決めます。これは、マニュアルで明確に決めることです。また、交渉にあたる社員には、交渉を進める上で必要な権限をあらかじめ与えておく必要もあります。相手が交渉担当者を指名してくる場合もありますが、社内の誰が交渉担当となるかについては、基本的に会社側に決定権があります。

データベースの作成

クレーム処理の完了後は、同種の事例に対して円滑に対応できるようにするため、処理内容をデータベース化することが有用である。データベースに反映させる場合には、①統一書式を作る、②クレームの発生から解決までを時系列的に事実関係の記述のみでまとめる、③解決できた事例も、できなかった事例も漏れなくデータに入れる、④解決できた案件の場合はその要因を記載し、解決できなかった場合は失敗の原因を細かく記載する、の4点が重要だといえる。

PART1 6 経費の使い方やコスト感覚

総務の仕事の基本

社員のコスト意識を高める

■ きちんとした管理をする

　経費とは「経営費用」の略で、会社の利益を生み出すために必要な費用のことです。業務を行ったり、事業を運営する上で、必然的に発生する費用で、経費は会社が負担します。支出内容により、経費となるか、経費にならないかを見極めることが大切です。判断基準としては、会社のための利益になるかどうかが重要になりますが、個人の判断で何かを購入したり、立て替えたとしても、それぞれの会社によって、経費となる基準と対象が違う場合があるので、注意が必要です。

　社員それぞれがコスト意識を持ち、業務を遂行する必要があります。備品を大切に扱うなど、一人ひとりの意識を徹底させることで、コスト削減の感覚が浸透し、会社全体の生産性を上げることができます。

■ 会社全体で取り組む

　経費を減らすことは、売上を増やすことにもつながりますので、長い目で見た場合、会社の存続に貢献することになります。ただ、経費削減とは、単に経費を減らすということではありません。会社にあるあらゆるムダを排除するということです。経費削減を成功させるための基本中の基本は、「会社全体で取り組む」ということです。具体的に言うと、「経営陣・従業員問わず全員が経費削減の強い意識を共有する」ということです。全社員が経費削減の強い意識を共有するためには、社長や経営幹部が率先して経費削減に取り組むことが必要です。

不正な経費の管理に対する罰則

経費の水増し請求は詐欺罪にあたる。金券ショップなどで安く手に入れたチケットを使い、定額分を請求したり、通勤の経路をごまかして余分に請求するなどの行為は、モラルに反するだけでなく、場合によっては懲戒解雇となる場合もある。領収証の確認も有効である。

「経費で落とす」とは

会社では、日常的に「経費で落とす」という表現が用いられる。経費は会社が負担する費用であり、費用を経費計上することにより、税金が安くなるという利点がある。そのため、経費にあたるか否かの見極めが重要になっている。

経費削減の具体例

日常の業務上、端的な経費の削減に水道光熱費の節約がある。ムダな電力や水道を使わないようにする必要がある。また、紙のムダ使いを控え、交通費などもインターネットや窓口などで調べてから購入するなど、工夫することにより、経費の削減につながることがある。

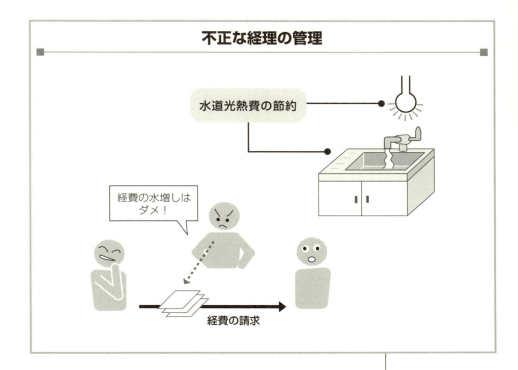

■ 体質改善の方向性を示す

　次に必要なのは、従業員に当事者意識を持ってもらうことです。そのためには、経営陣は、経費削減の必要性についての理解を求めなければなりません。具体的には「会社は厳しい状況に追い込まれている」「経費削減をしなければ、どうなってしまうか」「今後、どのような経費削減を行うか」の３点を説明します。

　また、ただ、「経費削減をしなければ会社経営を圧迫する」ということを説明するだけでは十分ではありません。経費削減による努力を重ねることで、より一層の利益の確保につながるということも話さなければなりません。何年後にどの程度のコストの削減や利益の向上が可能になるかを十分に説明する必要があります。

社員の勤怠管理

PART1 7 総務の仕事の基本

勤怠管理のルールづくりが不可欠

■ 社員の勤怠を管理・記録する

　会社には、社員の労働時間を適正に管理する必要があります。また、厚生労働省でも「労働時間の適正な把握のために使用者が講ずべき措置に関する基準」を策定しており、「使用者が、自ら現認することにより確認し、記録する」「タイムカード、ICカードなどの客観的な記録を基礎として確認し、記録する」などの原則を定めています。その他、自己申告による始業・終業時刻の確認および記録についてもいくつかの措置を講じるとされています。

　勤怠管理により社員の勤務状況を把握することで賃金へと反映され、勤怠を管理することで、勤務の見直しや効率化を図ることもできます。また、個々の社員の実態を知り、勤務指導をすることもできます。そのためにまずは勤怠管理のルールづくりが重要です。

　出勤した時間、帰宅した時間がそのまま始業・終業時刻となることはまずありえません。仕事もないのに早くから出社しても、実際に就業したことにはならないため、こうしたことも初めにルールとして定めておき、周知徹底する必要があります。

■ 出勤簿について

　社員の勤怠管理の仕方については労働基準法ではとくに定められていません。労働時間が把握できるようであれば、出勤簿はタイムカード、勤務報告書など、様式は問われません。一般的には、タイムカードを導入している会社が多くなっています。

タイムカードの問題点

タイムカードは通常、労働者が自分で打刻することとされている場合が多く、打刻のタイミングについては、とくに経営者側で管理せず、すべて労働者に任せているという企業も少なくない。そのため本来、タイムカードは労働者の労働時間の記録であるにもかかわらず、就業時間終了後、退勤時に打刻するまでとくに理由もなく時間差があると、終業時間から退勤時間までの間に、残業代が発生することにもなりかねない。
そこで、タイムカードの打刻が単なる出退勤状況の把握程度の機能しか果たしていないという問題が指摘されている。始業・終業の時間に打刻するよう、管理することが必要である。

労働時間の把握方法

始業・終業時刻の確認・記録	●労働日ごとに始業・終業時刻を使用者が確認し、これを記録しなければならない
確認・記録方法	●使用者自らが確認・記録する方法（管理方式） ●タイムカード、ＩＣカード、残業命令書、報告書などの客観的な記録で確認・記録する方法（タイムカード方式） ●労働者自身に申告させ、確認・記録する方法（自己申告制）
自己申告制の場合の措置	●使用者は、自己申告制の具体的内容を説明し、労働時間の把握について実態調査をしなければならず、申告を阻害するような措置をしてはならない
書類などの保存	●使用者は、労働時間の記録に関する書類について、３年間保存しなければならない

　それに加えて、個々の会社によるルールの下でデータによる勤怠管理が行われる場合があります。社員を多く抱える会社では何らかのシステムを導入して、効率的な管理を行っているところもあります。小規模の会社でも最近はパソコンを利用しての勤怠管理を行うようになっているようです。

　また、通常勤務の他に労働者が残業や休日出勤を行った場合には、割増賃金を支払わなければなりません。通常の時間外労働については25％増で算定することになりますが、月の法定時間外労働が60時間を超える場合、その超えた労働時間についてはさらに25％増（つまり50％増）の支払いが必要になるため、タイムカードや出勤簿などで労働時間数の状況を管理する必要があります。同様に、深夜労働に該当する時間数や休日出勤の場合もそれぞれ割増賃金率が異なるため、状況を正確に把握しなければなりません。

勤怠管理と残業の管理

タイムカードやＩＣカード等により、社員の労働時間を記録するだけでなく、残業時間が多い労働者を把握し、長時間にわたる残業が発生しないように予防することが可能になる。労働時間を管理することで、会社側が本当に必要な残業であるのか否かを判断し、残業が多い社員の仕事量が他の社員よりも多いと判断されるような場合には、他の労働者と分担するなど、会社側も効率的な仕事量の配分等に努力する必要がある。

定期健康診断

社員に快く受診してもらうようにする

■ 1年に1度健康診断を実施する

　会社は、社員の配置を決めるときなどに、健康状態を把握していなければ、安全な部署に就かせることができません。

　会社には、社員の安全を配慮する義務があります。この義務を果たす意味でも、社員の健康状態を把握して配置を決めなければなりません。

　そのため、労働安全衛生法では、会社に対して1年に一度は健康診断を実施し、社員に受診させることを義務づけています。社員が受診を拒否すれば、業務命令に対する違反となり、処分の対象になることもあります。

　会社は、健康診断を受診していない社員が過労死したような場合は、安全配慮義務違反を問われることになります。

　ところで、最近では、会社が実施する定期健康診断について、プライバシー権保護の観点から拒否をする社員もいるようです。病気や身体計測などの情報は、確かにあまり知られたくない個人情報です。健康診断は、会社が社員の健康状態を把握するための目的で行うので、業務上必要な範囲の検査が行われればよく、法令で定められた項目外の受診は必要ありません。ですから、不必要な項目まで受診する義務はありません。この他にも、結果の保管者を明示することや、会社が適切な取扱や保管をすべきとの通達も出されることで、バランスが図られています。

　社員に対しても、日頃から、このような健康診断の事情をよく理解してもらい、快く受診してもらうようにしましょう。

　なお、受診項目の中には、メタボリックシンドロームと生活

定期健康診断を規定する法律

労働安全衛生法66条は、事業者に対して、労働者に対する、健康診断の実施を義務づけている。そして、労働安全衛生規則は、具体的に1年以内ごとに1回、医師による診断を義務づけている。必要な診断内容に関しては以下の項目が規定されている。

・既往歴および業務歴の調査
・自覚症状および他覚症状の有無の検査
・身長、体重、腹囲、視力および聴力の検査
・胸部エックス線検査および喀痰検査
・血圧の測定
・貧血検査
・肝機能検査
・血中脂質検査
・血糖検査
・尿検査
・心電図検査

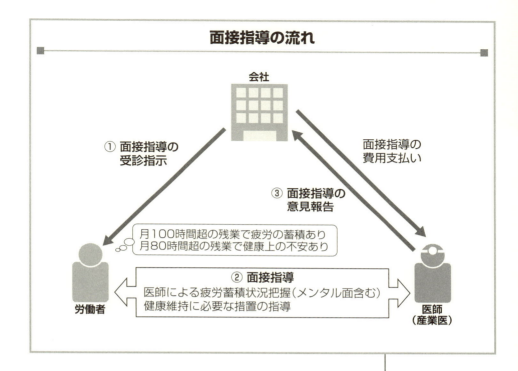

習慣病の予防を目的としたメタボ検診があります。対象者は、40歳～74歳の健康保険の加入者です。メタボ検診が義務づけられたことにより、通常の健康診断の項目に腹囲測定が追加されています。

■ 二次健康診断

定期健康診断において、血圧検査、血中脂質検査、血糖検査、腹囲の検査（またはBMIの測定）のすべての項目で異常の所見があると診断された場合、二次健康診断等給付を受けることができます。この項目に異常がない場合でも、産業医の判断により給付を受けることができる場合があります。二次健康診断では受信者の負担はなく、脳血管と心臓の状態を把握する検査が行われます。

福利厚生

PART1 9　総務の仕事の基本

限られた予算からムダのない効果の高い福利厚生メニューを考える

福利厚生の目的

福利厚生の目的は、社員がその施策によって会社への帰属意識を高めたり、働く意欲を増幅させたり、職場のコミュニケーションを図ることにある。また、福利厚生の充実は、優秀な人材を採用しやすくなる、社員の自己啓発の援助になるなど、さまざまな効果が期待されている。

法定福利と法定外福利

法定福利は、法律で義務づけられている施策をいう。これに対して、法定外福利は会社が独自で設ける任意の施策をさしている。

■ 福利厚生とは

　福利厚生とは、賃金とは別に会社が社員やその家族に利益や満足をもたらすために提供する施策をいいます。ただし、会社側はそれだけの費用をかけるため、常に費用対効果を考えていかなければ経営に支障をきたしてしまいます。福利厚生は法定福利と法定外福利の2つに大きく分けられます。

　法定福利は社会保障に該当し、社会保険と労働保険に分けられます。社会保険には、健康保険や厚生年金保険、介護保険などがあります。健康保険は、被保険者（社員）だけでなく、その家族にも給付が行われます。厚生年金保険は老齢・障害・死亡の時に給付が行われる制度で、保険料の半額を会社が負担します。介護保険は、社員の年齢が40歳以上65歳未満の場合に健康保険料と一緒に徴収されます。

　労働保険には、雇用保険、労災保険などがあります。雇用保険は社員が失業・再就職した場合や、育児休業・介護休業を取得した場合などに一定額が給付される制度です。労災保険は、社員が仕事中や通勤途中で災害にあった場合に給付される制度で、保険料の全額を会社が負担します。

　一方、法定外福利は会社の規模や労働組合の有無などで内容が大きく異なります。一般的に導入されることが多い制度については図（29ページ）を参照してください。

■ 法定外福利の見直し

　法定福利費は、年々増加傾向にあります。理由の一つは、少

法定外福利の種類

住宅手当	社宅・寮を格安で貸与、賃貸住宅の家賃の一部を補助 賃貸・持ち家にかかわらず一律に手当を支給するなど
財形貯蓄	会社を通して給料やボーナスから天引きで積立てる貯蓄 ※会社が払込みを代行する形をとるため、知らないうちに積立ができる ※住宅財形と年金財形は、合わせて元金550万円までの利息が非課税
慶弔見舞金	結婚祝や出産祝、病気・入院見舞、死亡弔慰金を支給
健康・医療	年1回の健康診断や人間ドックなどの費用を援助 医薬品や健康器具などを設置
社員割引	自社製品や関連企業の商品・サービスを割引価格で提供
慰安旅行	会社が社員やその家族との慰安と親睦を図る旅行 費用の全額または一部を会社が負担
食費・制服	社内での弁当負担や残業時の夜食を負担 コーヒー機を設置、作業服や制服などを支給
文化・レジャー	社員のクラブ活動の場所や運営費用を援助 会社費用による運動会・誕生日会・創立記念会・地域社会行事保養施設の提供参加など

子高齢化の影響です。雇用継続を望む高齢者が増加したことにより、その高齢者にかかる社会保険や労働保険が増加します。また、育児や介護と両立しながら働く社員も増加傾向にあり「辞めない社員」が増えたことも挙げられます。

そのため、会社は限られた予算の中で福利厚生費を捻出していかなければなりません。膨らみつつある法定福利費の代わりに、法定外福利を見直すことで効率化を進める必要があります。

法定外福利厚生見直しの手順

最初に現状を把握し費用対効果が得られない施策を洗い出す。とくに社員全員が公平に恩恵を受けにくい施策などを見直す必要がある。

PART1 10 法人の保険加入

総務の仕事の基本

事業リスクへの備え、節税対策などさまざまなメリットがある

■ メリットはどこにあるのか

　法人、つまり会社が保険に入るということに、少しおかしな感覚を覚える人がいるかもしれません。会社が火災保険や地震保険などの損害保険に加入することは理解できても、死亡保険などの生命保険に入る意味がない、あるいは入れないと思う人もいるかもしれません。

　しかし、会社が契約者になって保険金を支払えば、生命保険などに加入することができます。事業のリスクに備えることができ、社員の福利厚生として活用できるなどメリットもあります。

■ 団体保険はどんなしくみなのか

　企業で働く従業員が死亡したり、高度障害を負うなどした場合、企業から弔慰金や見舞金といったものが支給されることがあります。とくに、企業が社員の福利厚生を目的として単独で支給する場合、団体保険に加入するという方法があります。団体保険は、企業などの団体に所属する従業員や役員（所属員）を一括して加入させる保険で、契約者は企業です。所属員が死亡したような場合に、企業もしくは所属員の遺族に対して保険金が支払われます。保険料については、企業が全額負担する場合と、企業と所属員双方で負担する場合があります。

■ 問題点もあり改善されている

　以前、所属員の同意を得ずに保険に加入した上、支給された保険金を所属員や遺族に支払わず、会社の財産とするという事

会社が損害保険、生命保険に加入するメリット

会社（法人）が保険に加入するメリットとして、①事業リスクに備える、②社長の死亡に備える、③従業員への福利厚生として活用できる、④節税対策になる、の4点が挙げられる。

事業リスクへの備え

震災によるオフィスなどの損壊、休業による損失など、会社が事業を行う上でのリスクが現実のものになった際に、保険金で損害・損失に対応できる。

社長の死亡への備え

とくに中小企業では、社長の存在が会社を成り立たせている場合が少なくない。社長が死亡すると、会社が倒産の危機にさらされる場合もあるため、社長の死亡による保険金が入ることで、会社の運営の原資として用いられる。

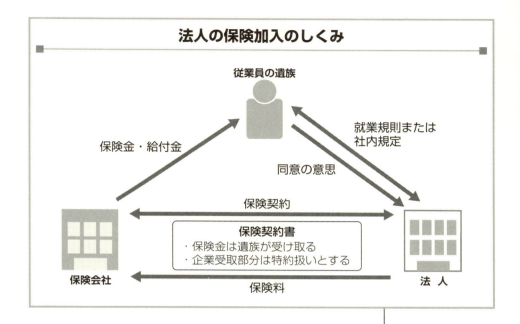

態が発生しました。そこで、現在では、①所属員の同意を加入の必須条件とする、②「保険金を遺族が受け取る」という部分を主契約とし、企業が受け取る部分は特約として扱う、というように改善されています。

■ 団体保険の種類

団体保険は、保障内容によって、団体定期保険、総合福祉団体定期保険、団体就業不能保障保険、団体信用生命保険など、さまざまな種類があります。団体定期保険（任意型）は、保険期間中に死亡した場合に死亡保険金が支払われます。従業員全体を一括して管理できるので、保険会社の手間が省け、通常の定期保険よりも保険料が安くすむことが多いようです。総合福祉団体定期保険は、従業員と役員の死亡または所定の高度障害に対して保険金が支払われる1年更新の定期保険です。原則として従業員全員が加入し、保険料は企業が負担します。

従業員への福利厚生としての保険の活用

生命保険で会社が契約者で、受取人が会社の従業員や家族であるという場合がある。この場合、従業員等は福利厚生の一部として、保険金を受け取ることができる。

節税対策としての保険の活用

加入する保険の種類によって、保険料を法人税から控除することが可能になる。個人でも生命保険料や火災保険料の控除があるのと同様、会社にもこれらの控除は認められている。ただし、会社の場合、保険料が損金扱いになるような保険でないと控除が認められていない。

保安対策・防火・防災

PART1
11
総務の仕事の基本

社員の安全を確保するために、適切な保安対策・防火対策・防災対策を整えておく必要がある

■ 保安対策とは

　会社では、安全を保つための保安対策を常時行う必要があります。保安対策の対象になるのは、火災、自然災害、人為的災害、労働災害、交通事故などです。火災として挙げられるのは、外部者による放火や会社員の過失による火災です。

　自然災害には、地震、台風、落雷、噴火、大雪、津波など、自然現象を原因とする災害が挙げられます。

　一方、人為的災害は、会社内部の社員や外部者が原因で起こってしまう災害のことです。代表的なものとして、停電、断水、ガス停止、機械の故障、ガス漏れによる中毒事故などがあります。

　労働災害として挙げられるのは、業務上のケガ、障害、死亡、過労死、過労自殺などです。交通事故は営業中や通勤中に起こったものが含まれます。これらの保安への対策については、外部に任せきりにするのではなく、会社内部における日常確認が重要な位置づけとなります。

　日常的な確認には、施錠の確認、入出者のチェック、会社内の巡回、消火器や警報機の確認点検などが挙げられます。その上で定期的な保安訓練を実施することで、社員に徹底的な指導を行うことが理想的です。

　保安については、通常、総務部長が総括責任者になります。総務部長は部署ごとの担当責任者、担当者を決定し、担当内容や危機管理についての規定をしっかりと把握させることで、明確な指揮命令系統を確立させます。

非常事態に備えた警備

警備の対象になるのは、おもに不法侵入と盗難である。不法侵入として挙げられるのは、営業時間外の無断進入、部外者の不法侵入などである。
一方、盗難として挙げられるのは、内部者や外部者による会社所有品の持ち出し、会社員の個人情報や企業秘密情報の持ち出し、外部者による強盗などである。

警備保障会社の警備

警備を専門業者に任せることもできる。専門業者には、警備担当を業務としている警備保障会社がある。警備保障会社の業務内容としては、巡回警備（お店の閉店後の警備）、駐在警備（工事現場、工場などに常駐警備）、機械警備（警報装置など）、特殊警備（交通整理、特定のイベントの警備など）がある。必要とする業務内容をしっかりと検討した上で依頼するのがよい。

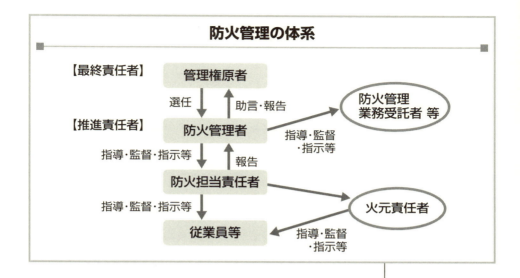

■ 防火管理者を置かなければならない

 消防法の規定では、不特定多数の人が勤務、居住するなどして出入りが多い建物の管理者には、防火管理者を選任して防火に関する管理業務をさせる義務があるとされています。防火管理者を定める必要があるのは、「学校、病院、工場、事業場、興行場、百貨店（これに準ずるものとして政令で定める大規模な小売店舗を含む）、複合用途防火対象物（防火対象物で政令で定める二以上の用途に供されるもの）その他多数の者が出入し、勤務し、又は居住する防火対象物」で、かつ「政令で定めるもの」です。したがって、会社も防火管理者を選任する義務を負います。

 ここでいう「政令」とは、消防法施行令のことで、同施行令の別表第1に掲げられた防火対象物のうち、その種類や収容人員、延べ面積が条件に該当するものについて防火管理者を設置するよう求めています。

 防火管理者に選任することができるのは、防火対象物の区分に応じて定められた資格や実務経験などを有し、防火管理上必要な

業務を適切に遂行することができる者です（施行令3条）。

防火対象物は、その用途や収容人員、延べ人数によって甲種と乙種に分類されます。

甲種防火対象物の防火管理者になるためには、甲種防火対象物の防火管理に関する講習の課程を修了した者など、一定の要件を満たすことが必要です。

一方、甲種に比べて規模の小さい乙種防火対象物の防火管理者になるためには、甲種防火対象物の防火管理者の資格を有している、もしくは乙種防火管理講習の課程を修了していることが求められます。

なお、防火管理者が当該防火対象物において行うべき業務としては、次のようなものがあります。

・消防計画の作成
・消防計画に基づく消火、通報および避難の訓練の実施
・消防の用に供する設備、消防用水または消火活動上必要な施設の点検および整備
・火気の使用または取扱いに関する監督
・避難または防火上必要な構造および設備の維持管理
・収容人員の管理
・その他防火管理上必要な業務

■ 防災管理者とは

防火管理者と類似した概念に防災管理者という制度も存在します。防災管理者とは、一定の大規模・高層な建物において、地震など火災以外の災害による被害を軽減するために、防災計画の作成や避難訓練の実施など防災管理上必要な業務を行う責任者をいいます。

消防法に基づき建物の管理権原者が選任するという点では防火管理者と同様ですが、防火管理者は、専ら防火に関する管理上必要な事務を行う者であるため区別する必要があります。

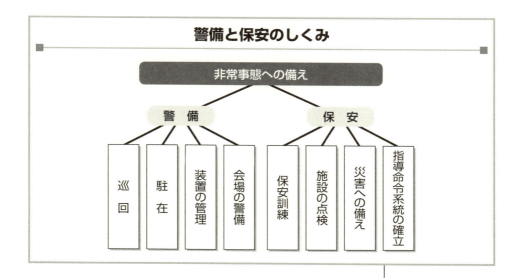

■ いざというときのための地震への備え

平成7年の阪神大震災、平成23年の東日本大震災など、日本は地震大国と呼ばれるように、頻繁に大規模な地震が発生しています。これらの大地震により、企業が多大な損害を受けることも少なくありません。企業の地震等の防災に対する役割は、災害対策基本法に基づいた「防災基本計画」の中で、①経営活動の維持、②従業員と顧客の安全、③地域住民への貢献、の3点であると定められています。

日本ではどの地域でも大地震が発生する可能性があるため、企業は事業への被害を最小限に抑え、社員たちの安全を確保するための体制を整えておかなければなりません。

そのためには、地震対策のマニュアルを作成し、定期的な防災訓練を実施することで、社員全員に安全に対する意識の徹底を図る必要があります。

地震への具体的な対応策としては、地震対策本部の設置、連絡体制の確立、防災訓練、避難場所の決定、安否情報の確認、緊急物資の備蓄などが考えられます。

> **地震対策本部**
> 地震が起こったとき、すべての対応の中心となる場所。被災状況の把握や協力会社への支援要請などを行う。

> **防災訓練**
> 会社の防災訓練には、初動対応訓練、新入社員の防災訓練、人事異動後の防災訓練、管理者防災訓練などがある。
> 訓練だからといって油断せず、社員に危機感を持ってもらうことが大切である。部署ごとに対応マニュアルを作成し、定期的に訓練を行うようにする。

Column

女性活躍推進法の成立

　平成27年8月に「女性活躍推進法」という法律が成立しました。正式には「女性の職業生活における活躍の推進に関する法律」といい、その名のとおり、職場でより多くの女性が活躍することができるような環境を整えるために定められた法律です。

　具体的には、平成28年4月1日までに各企業は、職場での女性の活躍状況を調査・把握した上で、女性の活躍を推進するための計画を策定し、公表することが義務づけられています。対象は301人以上の従業員を雇ういわゆる大企業で、これより少人数の従業員を雇う企業は努力義務とされています。中小企業庁の「2015年版　中小企業白書／小規模企業白書」によると、従業員301人以上の企業は約1万1000社にのぼり、該当する企業では早急な対応が求められます。

　女性活躍推進法の遂行には、段階を踏んだ手順が設けられています。まず、女性の活躍状況を、①女性の採用割合、②男女別勤続年数、③女性の労働時間状況、④女性管理職の割合、の観点から把握し、分析しなければなりません。この作業には、労働者の個人情報や労働状況が把握できるデータが求められます。人事部門は、今のうちから正確な内容を提出できるように、労働者の個人情報や雇用契約書、人事考課データや勤怠管理データを整備しておく必要があります。次に、女性労働者の採用や人事考課、管理職の割合をアップさせるための行動計画を作成し、公表を行います。ここでは、具体的な計画の期間や数値目標、具体的な取組内容や行う時期を定める必要があります。女性の活躍を促し、管理職への登用を考えるにあたり、人事部門における適切な人材配置や教育訓練の整備は不可欠です。また、より多くの優秀な女性を育てるためには、積極的な女性採用や、採用後も女性が働ける環境を提供し続けることが求められます。人事部門では、採用計画の段階から根本的な見直しを図る必要があります。

PART 2

人事の仕事の基本

PART2-1 人事の仕事の基本

人事の仕事

「人」という資源を教育・供給する仕事である

■ どんな仕事なのか

人事の仕事内容としては、採用・退職、教育、社会保険に関する業務、管理統制といった内容が挙げられます。

採用・退職では、会社の規模や業績になどに合わせて、会社の人員数についての計画を立てます。その年度の退職者数（定年退職者数、自己都合退職者数）を推定し、次年度の新規採用人数などを決定したり、採用計画の策定などを行います。これと同時に退職に関する業務も行います。

教育では、新規採用の人材に対して研修を行い、スキルアップを図ります。研修内容そのものの計画立案を行い、研修を通して質の高い社員を育てるための教育を実施します。また、新規人材への教育だけに限らず、会社の経営方針などをふまえて、既職の従業員のスキルアップをめざす人材開発も担当します。

なお、企業の中には、総務部門と人事部門を兼ねた部署を置いている場合もあります。

人を育てていくという仕事に携わるということは、人とのかかわりを持つ中で仕事を進めるということが大前提になります。従業員を適正に、かつ公平に評価するために、人事部で働く社員には「人を見る力」が要求されます。従業員の経歴や学歴からだけの判断ではなく、社員の特徴や才能、モチベーションなど、さまざまなことを加味して配属先の部署を決定したり、人材開発のための研修を行う必要があります。

このように見てみると、人事部での仕事にとって重要なことは情報収集です。部署や社員一人ひとりの業績や能力、自社が

人事の社会保険に関する事務

社会保険に関して、人事が担当する事務には、健康保険や年金、雇用保険などの各種保険制度についての管理、保険料の支払業務などが挙げられる。

人事が行う管理統制事務

管理統制では、社員への評価を行う際の基準や就業規則などの策定・改定を行う。また、労働環境の整備や改善も、人事が担当する業務のひとつである。

給与等の管理

人事の仕事として重要なものとして、社員一人ひとりの給与や賞与、退職時の退職金などの支払額の決定や管理などがある。人事が管理する給与や賞与の額については、それぞれの部署の業績や個人の成績などの評価に基づいて、具体的に支給する金額を決定する。

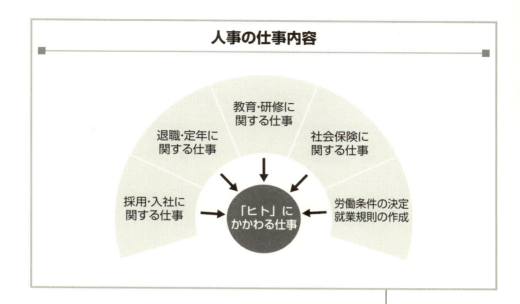

かかわる業界についての動向など、ありとあらゆる情報を把握していることが大切です。

■ 人事部の特徴と仕事のスケジュール

　企業で働く人材のスキルや質が、そのまま企業の業績へと結びつくといわれる現代では、いかに従業員のスキルを伸ばしていくのかが重要です。そのすべてを担うのが人事部といっても過言ではありません。企業の事業業績を伸ばすために必要な「人」という資源を教育、供給していくことが人事部の特徴だといえます。

　人事部における仕事は、年度初めの新規採用から始まります。
　4月には、配属先の決定や研修の実施、5〜6月には給与額や賞与額の決定・支払いや、給与額などの決定のための評価システムの構築とその実施、10月の新規採用内定に向けた会社説明会の実施、2〜3月の新人社員研修立案、定期異動関連事務、次年度計画書の作成・発表などを行います。

人事に必要な資質

従業員の能力などの的確な見極めとその評価能力は、人事部で働く社員にとって基本的な資質である。また、会社経営の方針やトップの意見などに沿って、人材採用・開発をする資質も必要になる。さらに、自社の商品やサービスについての知識や、その業界全体の動向なども把握していなければならない。

PART2 - 2

人事の仕事の基本

欲しい人材の見極め

社員がすぐに辞めてしまうのは会社にも原因がある

人材を採用する必要性に迫られる場合

会社の経営は景気や社員の状況、経営者の考え方などさまざまな要因によって変化していく。たとえば、経理を担当していた人が出産で働けなくなった場合や、長年勤めていた職人が定年退職するときなどは、穴埋めをしてくれる社員が必要になる。また、新規事業を立ち上げる場合にも、新たな戦力となる人材を確保する必要が生じる。

求人情報

給与などの待遇、福利厚生、役職、仕事内容といった条件面を他社よりも良くすれば、応募者はたくさん集まるかもしれないが、いたずらに応募者が殺到して採用にかかる作業が増えてしまう場合もある。また、他社よりも良い条件を出しても、それが真実でなかったり、継続することができなければ意味がない。ときには、後に法的な問題に発展するおそれがあるため、注意が必要である。

■ 業績の向上に貢献してくれる人材がほしい

会社が社員を採用しようと考えるときには、どんな理由があるのでしょうか。状況はさまざまでも、突き詰めれば「会社を経営していくための人手が足りない」というのが社員を採用しようとする根本の理由です。

ただ、このとき単に人数を増やせばよいのかというと、そうではありません。経営者にしてみれば、会社の業績の向上に貢献してくれる「良い人材」を多く採用し、長く勤めてもらいたいというのが本音でしょう。

■ どうすれば集めることができるのか

「良い人材」を採用するためにはまず、求人に応募してもらわなければなりません。求人情報を出す際には、給与や勤務時間、人材に求めるスキルなどといった条件面を適正に出すことが重要です。

なお、いくら良い人材が多数応募してきてくれても、適切に採用できなければ意味がありません。採用試験や面接などによって、その人が会社の求める人材かどうかを見きわめることができるよう、採用担当者の能力アップを図ることも忘れないようにしてください。

■ 何を重視するか

優秀な人材かどうかを見きわめる条件として、経験や資格、実績、知識などを重視する場合が多いと思います。とくに中途

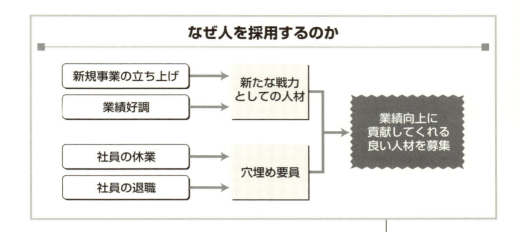

採用の場合、会社は即戦力を求めているため、それが最優先の条件となるのもムリはありません。

しかし、能力があるからといって即戦力になるとは限りません。このような事態の背景には人間関係がうまくいかなかったり、職場の雰囲気、地域性や環境の違いなどに対応できる柔軟さなど、その人の人間性が影響することがあります。

■ 人間性は第一

求められる人間性の具体例としては、社会人としての常識があるか、コミュニケーション能力が高いか、リーダーシップを発揮できるタイプかといったことが挙げられます。いくら仕事の能力が高くても、人間性が自社と合わなければ社員の一員として迎えるのは問題があります。

人間性は書類や筆記試験、一度や二度の面接といったことだけでわかるものではありませんので、必要に応じて何度も選考試験を実施するべきでしょう。

さまざまな方法を検討した上で、自社だけの採用に限界がある場合、有料の転職コンサルタント会社や人材紹介会社を利用するのもひとつの方法です。

中途採用で重視する点

新卒採用に比べて、中途採用を行う場合には、とくに、会社の即戦力になるか否かという点が重視される傾向がある。教育・研修にかかる時間や費用が少なくてすむため、会社の利益に貢献する期待感が高まるためである。

経営理念との関係

企業が人材を採用する場合に、その人材が持つスキルの高さに注目することは重要である。しかし、スキルだけではなく、会社の理念に適しているかどうかを判断する必要がある。この人間性を判断する上で、経営理念の周知徹底方法を考え、理解を深める工夫が必要になる。

PART2
3

人事の仕事の基本

社員を定着させるための退職理由の分析

社員の退職理由を分析する

■ 定着しない原因は会社側にもある

　良い人材だと思って採用したが、なかなか社員が定着しないという会社があります。厚生労働省の統計「新規学卒就職者の在職期間別離職率の推移」によると、平成25年3月末に卒業した大卒者の3年間での離職率は12.7％です。10年前に比べ離職率は下がっていますが、それでも10人に1人はみずから会社を辞めるという選択をする人がいることがわかります。

　とくに未経験の新卒者を採用する場合には、研修などの形で仕事のできる社員に育てていかなければなりません。短い期間ですぐ辞められてしまうと、会社は、「新たな人材を獲得して、新しいアイディアを会社にもたらす」などの社員を採用したメリットを得られないまま、経費の支払い損という状態になってしまいます。また、担当者がころころ変わると、取引先は「何か問題があるのではないか」という不信感を持ちます。会社の信頼性という面からも、このような状況は早く改善しなければなりません。この場合、採用方法の見直しが重要になりますが、それだけでは状況を改善できません。それは、社員の側だけでなく、会社の側にも社員が定着しない原因が潜んでいる可能性があるためです。

■ まずは退職の理由を分析する

　会社が多くの社員にとって「長く勤めたい」と思えるような魅力ある場所であれば、社員が定着しないといったことはないはずです。とくに、「良い人材」に長く勤めてもらうためには、

「社風」への適応

会社には、経営者が作成した経営理念に基づいて、「社風」が形成されていることが一般的である。会社が新たな人材を採用した場合に、採用された者がこの「社風」に慣れるためには、ある程度の時間が必要であるといわれている。離職率の高さは、「社風」に慣れる機会を奪うことにもつながるため、改善が必要である。

採用方法の見直し

人材の定着をめざして、①採用の際に提出される履歴書をもっと読むようにする、②採用試験を難しくする、③面接の方法を変えてみる、など、採用方法の見直しを考える会社が多い。しかし、この方法は「社員に根気や協調性が欠けるため辞めていく」など、辞めた側だけに求めているという短所がある。

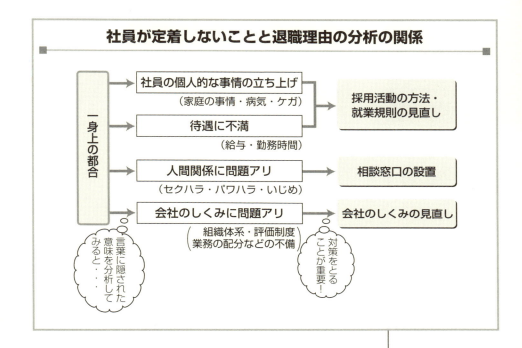

　会社もそういう存在になる努力をしなければなりません。そのためにやるべきこととしては、まず退職した社員の退職理由の分析が挙げられます。

　優秀で将来有望な人が多数辞めていく場合は、その人個人の事情だけではなく、経営者も気づいていないような問題が社内で起きている可能性があります。

　たとえば人間関係がよくない（セクハラやパワハラ、社内いじめなどの問題がある場合）、会社の社員に対する評価制度がきちんと機能していない、「もっとスキルを上げたい」「やりがいのある仕事をしたい」という社員の上昇志向に対応できていない、などが考えられます。

　「一身上の都合」という言葉の裏に隠された課題を見つけ、組織体系や評価制度、業務内容など、会社のしくみの見直しに取り組むようにしましょう。

一身上の都合

社員が辞めるときには、「一身上の都合」という言葉がよく用いられる。家庭の事情や心身の病気など、会社とは関係ない、社員の個人的な事情で辞めることもあるが、中には、給与や勤務時間といった待遇が気に入らないということも考えられる。「一身上の都合」に含まれる内容をよく分析して、採用活動の方法や、就業規則の見直し等による改善が必要である。

PART2 4 人事の仕事の基本

要員計画・要員管理

人材確保とコントロールは人事部の重要な業務である

■ 人材確保の計画を推進すること

　人事部の重要な仕事に、要員管理があります。要員管理とは、会社の事業計画と経営方針に基づいた業務を遂行するのにどの程度の人数が必要か、またどこからどのように人材を確保するか、などを計画し（要員計画）、その計画を推進していくことです。採用、配置・異動、出向・転籍、退職といった一連の流れに関する計画を立て、滞りなく実行していきます。

　これらの活動は、会社内だけに目を向けて、現状分析、把握するのではなく、労働市場の動向を見すえつつ、関係法令も遵守するという立場に立って行われなければなりません。

　要員計画は常に長期的な視野に立って、柔軟に行う必要があります。一時的な仕事量増加や好景気などで社員を大量採用したり、人事異動を繰り返すのは、長い目で見ると得策ではない場合があります。従業員が能力を発揮できるように、会社としても効率的な人員配置が実現できるよう、要員計画を慎重に練っていくことが重要です。

　また、要員管理は必要な人材を確保できれば万時完了というわけではありません。確保した人材が法令や社内ルールを遵守するように、会社として社内教育を行う必要があります。

　とくに、会社の機密情報についての漏えい防止のために、要員に対する教育訓練が重要です。会社には正社員だけでなく、派遣社員や契約社員が絶えず出入りし、業務によっては外注先に完全に委託しているものもあります。そのため、社内情報管理の一環として要員のモラル低下を防がないと、場合によって

労働力としての人材の確保

事業を行うためには労働力となる人材を確保することが必要になる。しかし、やみくもに人を集めるだけでは、円滑に仕事が進まず、経費のムダづかいになってしまうため、必要なスキルや人数を明確にしておく必要がある。具体的には、単年度と長・中期の人員計画を作成し、その人員計画を基盤に採用活動計画を立て、必要な人材の採用を行う。

雇用形態の多様化に伴う要員計画

近年、就業形態の多様化に伴い、自社の正社員だけでなく、派遣社員やアルバイト、外注スタッフなど、雇用形態が多様化している。そこで、これらすべての雇用形態の人員数を考慮に入れて、近い将来の企業のスタイルに合うように、自社の求める人物像を把握し、人員をコントロールする必要がある。

要員管理の重要性

適切な要員計画の策定 → 要員計画の実行 → 会社の業績UPに不可欠な人材の確保につながる

は社外秘レベルの情報が流出してしまう危険もあるのです。採用だけでなくその後の教育もふまえて要員計画を立てていくとよいでしょう。

■ 要員計画は人材の調節

　会社の事業計画に基づいて、会社の労働力となる人材を調節するのが要員計画です。今日では若者の学力の低下や就業スタイルの変化、労働人口の高齢化、技術革新による新サービスの登場など、企業をとりまく社会情勢も以前とは大きく変わっています。このような時代の流れも考え合わせ、会社の経営方針と現状の問題点を明確にした上で、目標となる要員を決定し、達成するための計画を立てます。

　もっとも、採用だけが人員確保の方法ではありません。要員コントロールの方法として、人手が余っている部門から適切な人数を選出し、研修などの再教育を行い、配置転換をするという手段があるということも、考慮に入れておく必要があるでしょう。

労働力の余剰

要員計画において、人材不足も仕事の効率低下を招くが、労働力が余ってしまうこともまた、企業としてムダなコストをかけることになってしまう。そこで、要員計画は人材不足ではなく、人材の余剰まで含めてトータルで考えなければならない。

PART2 5 人事の仕事の基本

人員計画・採用計画

必要な人員を判断して採用計画を立てる

■ 人員計画について

　要員管理の骨格をなす人員計画の作成は、単年度計画・中期計画・長期計画の視野に立って、それぞれ行います。人員計画作成の流れとしては、まず、長期事業計画や長期収益計画、労働市場の長期展望を見すえて、その会社の基本方針（長期人員計画）を策定します。その後に、長期人員計画に基づいて、比較的見通しの立てやすい中期計画を作成します。現状の経営課題や問題点を洗い出し、分析を行い、労働力の質と量の面から、採用、配置・異動などを計画していきます。この段階で、長期計画が本当に実現可能なものかどうかの見直しを行い、同時に中期人員計画は、具体的な実行計画となる単年度計画の指針として機能することになります。

　施設や機器のような「物」と異なり、労働力となる「人材」は、能力を発揮し、会社に貢献できるようになるまでにある程度の年月を要します。そこで、中期的な視野に立って計画を立て、実行して行くことが非常に重要です。

■ 採用計画について

　会社の経営方針や事業計画をふまえ、現労働力では業務がまかないきれないと判断された場合に、外部から人員を補充することを採用といいます。採用する人数を決定する方法としては、各部門や部署の必要人員を合算していく「積み上げ方式」と、人件費の総額や事業計画などを検討した上で必要人員を算出する「総枠方式」があります。

人員計画のスパン

人員計画における長期計画は、会社の長期的な事業のあり方を示す指針になるため、非常に重要である。実際の動きは、約3年を目安とした中期計画を基盤として、一年度ごとの単年度計画を実行するケースが多い。

採用計画と雇用形態の変化

今日では、以前のように一つの会社に定年まで勤め上げることが絶対的ではない。新卒で採用した人材は、新たに育てることができるが、教育に時間と経費がかかるというデメリットもある。一方で中途採用は、経験や知識から即戦力になるが、前職場や既存社員との労働条件の相違などでトラブルが生じる可能性がある。

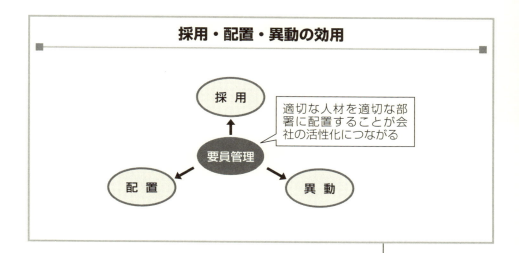

　人員計画の一部である採用計画は、中期計画と単年度計画を作成します。単年度採用計画を作成する際は、採用目的に沿って、学歴別、新卒・既卒別、職業別、雇用形態別に募集対象を決定します。その後に、採用スケジュールの立案、募集手続きと資料の配布、採用試験要領の検討、採用コスト算出などを進めていきます。

■ 配置・異動について

　従業員の配置と異動は、当然、会社の人員計画にそって行われることになりますが、従業員の就業意欲を損なうようなことがないような配慮も必要になります。

　また、定期的に自己評価や面接を行い、仕事の状況を見直したり、今後のキャリアアップの方向性を確認する機会を設けることで社員の自己啓発を促進することができます。キャリアアップに必要な教育研修の場の設定も有効な手段のひとつです。

　会社の構成員である従業員が意欲的に目標を持って働けるような環境を整えることは、結果として、会社全体の活性化や、収益アップにつながります。

社内公募制や社内FA制度

近年の異動においては、社長や上司命令のような一方的な異動ではなく、空きのあるポジションに応募を行う社内公募制や、空きの有無に関係なく、希望するポジションを応募する社内FA（フリー・エージェント）制度なども導入されている。希望の職種に自ら応募できるため、社員のモチベーションアップにつながる。

異動等によるマンネリの防止

同じ環境で、同じ仕事を長期間続けることは、マンネリ化により、仕事の能率に弊害をもたらすおそれがある。そこで適切な異動や昇格により、新たなスキル、経験を積む機会を与えることが重要である。

PART2 6 採用する際のチェックポイント

人事の仕事の基本

採用する人材によっては利益ではなく損失を生むことがある

■ 採用を軽く考えてはいけない

会社が求人募集をしたときに、たまたまその情報を目にして応募してきてくれたのだから、これも縁ということで採用することもあるかもしれません。前任者が急な病気で辞めてしまい、すぐにも後任が必要なので、とにかくある程度の知識や能力さえあれば採用してしまいたいという場合もあるでしょう。確かに、そのような形で採用した人でも、想像以上の能力を発揮してくれたり、たとえ最初は役に立たなくても、その後の会社の教育しだいできちんと働いてくれるということもあるかもしれません。しかし、人の採用を軽く考えていると、後で大きなしっぺ返しを食らう可能性があることを知っておくべきです。

■ 人を採用するのはギャンブルのようなもの

いったん人を採用すると、たとえ会社にとって問題のある社員だったとしても、解雇して別の人に入れかえるということは簡単ではありません。それは、正社員か、パートかアルバイトかといった雇用形態とは関係ありません。労働基準法は、労働契約を交わした相手は非正規雇用も含めてすべて「労働者」であり、正当な理由がなければ解雇はできない、と定めています。社員に注意や教育をするなどの改善策をとることなく、会社側の一方的な判断で解雇すると、社員から不当解雇や損害賠償などの訴訟を起こされる可能性があります。

このように、労働者は労働基準法をはじめとする法律で手厚く守られています。使用者と労働者の立場を考えると、それも

人材の採用が必要になる場合

会社は、退職等で足りなくなった人手の後を埋める必要がある場合や、社内の雰囲気が停滞気味になった場合に、さまざまな期待を込めて、人材の採用を検討する。もっとも、履歴書を見ても、面接でいろいろな話を聞いても、会社の期待する人材である保証はないため、さまざまな工夫をこらすことが必要である。

新しく採用した社員がトラブルの原因になるときとは

早退や遅刻を繰り返したり、勤務時間中に勝手に休憩を取る、他の社員とすぐにケンカをしてしまい、仕事がスムーズに進まない、取引先のウケが悪い、営業成績が上がらない、ミスが多く、そのフォローで他の社員が迷惑する、などが挙げられる。

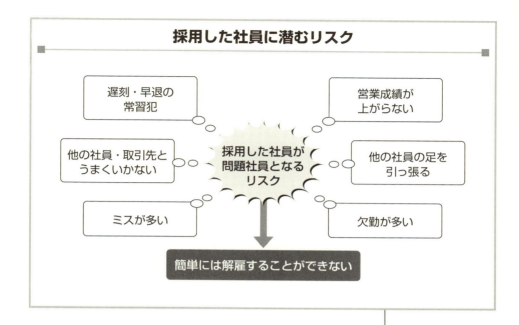

当然かもしれません。しかし、会社側にしてみれば、採用は保証のない買い物であり、絶対に失敗できないギャンブルのようなものともいえるでしょう。

■ 他の従業員にも悪影響を与えることもある

　勤務態度や仕事内容などに難のある人を採用すると、まず、仕事が遅れてしまうケースが起こります。たとえば、遅刻や早退といったことはその社員個人のことのように見えるかもしれませんが、その時間分、その人の担当の仕事は進まないわけですから、どうしても影響が出てきます。

　次に、他の社員に対する悪影響も考えられます。仕事の進みが悪ければ、他の社員がその社員の仕事を肩代わりしなければなりません。社員同士のいざこざが多くなれば、直接の当事者でなくても社内の雰囲気がぎくしゃくしてしまいますから、他の社員は働きにくくなります。

> **他の社員への影響**
> 新しく採用した人材が問題を抱えている場合、仕事が他の社員に回る場合がある。当然、他の社員は自分の仕事も抱えているため、その分よけいな負荷がかかってしまう。

PART2 7 採用にかかるお金

人事の仕事の基本

目に見えない費用がかかっている

■ 社会保険や交通費、手当など

ここで、採用によってかかるお金の詳細を見てみましょう。

まずは社員の給料です。すぐに思い浮かぶのは労働の対価としての給料ですが、社員に支払っているのがそれだけではないことは人事担当者であればわかるはずです。具体例として、次のようなものが挙げられます。

① 社会保険料

日本には、業務中や通勤中の事故等によるケガや病気によって休職せざるを得なくなった労働者に対し、給付金を支給する「労災保険」、失業時の手当の給付や教育訓練などを行う「雇用保険」、医療費を一部負担する「健康保険」、一定年齢以上になったときに年金の支給を受ける「厚生年金保険」などの社会保険制度があります。人を雇用する場合、会社側には保険料のうちの全額または一部の金額を負担する義務が課せられています。これらの金額は社員の年齢や、給与の増額に合わせて上昇していき、少子高齢化が進む現在、制度変更でさらに負担が増加する可能性があります。

② 通勤交通費

電車、バスなどの定期代や自動車のガソリン代など、通勤にかかる費用のことです。1日分の金額が少ない場合でも、毎月、毎年となるとかなりの負担増になります。

③ 賞与、寸志など

月々の給与とは別に、賞与や寸志を出している会社は多いでしょう。支給が義務づけられているわけではありませんが、社

人事担当者の人件費

人を採用すると、給与計算をはじめ、社会保険等の手続や勤怠管理、評価などを行う人事担当者が必要になる。また、研修や教育に携わる担当者も必要になり、どうしても人件費がかかることになる。さらに、採用した人がすぐに辞めるなど、補充の人員を採用しなければならない場合、再度採用のための経費がかかる。

人を採用するにはお金がかかる

採用した人材に直接かかる費用
- 給与
- 手当
- 賞与
- 通勤交通費
- 社会保険料

採用活動と人事に関する費用
- 求人広告にかかる費用
- 説明会・面接・採用試験にかかる費用
- 人事担当者の人件費
- 採用した社員の研修・教育にかかる費用

員にしてみれば労働に対する報奨や給与の不足分の補てんというとらえ方になりますので、一方的に支給を取りやめるのは難しいというのが現実です。また、賞与に対しても社会保険料がかかってくることを忘れてはいけません。

④ 手当等

住宅手当や家族手当、資格手当などの支給を就業規則で定めている場合、該当者に対しての支払義務が発生します。

その他、社員が残業や休日出勤をすればその分の割増賃金を支払わなければなりませんし、有給休暇も与えなければなりません。目安として、月の基本給は20万円だとしても、実際に支払うのは25万円程度になると考えておきましょう。

■ 表には見えにくいお金もある

採用によってかかるお金は、給与明細に掲載される、目に見えるものだけではありません。社員自身に直接支払うわけではなくても、人を採用することによって、さまざまな経費がかかります。

求人広告などの経費

求人情報を出す方法としては、ハローワークに依頼する他、民間の人材紹介会社や求人広告会社などに登録するという方法がある。民間の会社を利用する場合、登録料や掲載料という費用がかかる。

面接や採用試験を行うための人件費や経費

採用の際には、履歴書の提出を受けて書類審査をしたり、採用試験の実施および採点、面接を行うなどの仕事が発生する。そのため、採用を担当する人に対する人件費がかかる。また、書類審査で不採用になった人の履歴書を返送するなど、細かい経費がかかってくる。

PART2 8 望ましい採用のかたち

人事の仕事の基本

焦って採用しない勇気が必要

■ 自社にあった人材を確保する

　人を採用するにあたり、会社が求めるのは、会社の利益向上に貢献してくれるような人材です。単に履歴書の経歴や業界の評価といったもので採用を決めるのではなく、自社にあった人材かどうかを検討することが重要だといえるでしょう。

■ どんな人材が必要なのかを考える

　自社にとって必要であり、かつ合う人材を採用するためには、「求める人材像」を洗い出さなければなりません。そのための手段として、自社に足りないのはどんな人材なのかという条件を具体的に洗い出すということが挙げられます。このとき、表面的な条件だけでなく、社内の実情をしっかりと見直すという作業が必要になります。

　また、実際に人手を必要としている部署から、仕事の具体的な内容や採用する人材に求める技術、能力、人柄といったことの詳細を確認することが非常に重要です。

　条件に合わない人を採用することのないよう、募集活動を行う前に十分に検討してください。

■ 採用試験の方法を検討する

　必要な人材についての方針がまとまったら、今度は求める人材を確保するための採用方法を考えなければなりません。自社に合う人材は、一般的な適性検査だけでは見つけられない可能性があることに注意しましょう。

会社の利益になる人材とは

会社の利益向上に、社員が貢献するケースには、たとえば営業活動で大きな仕事を取ってきた場合、他社とのプレゼン競争に勝てるような企画を立案することなどが挙げられる。

人材の採用が本当に必要かを見極める

たとえば経理を担当していた3人の社員のうち、1人が急病で退職することになった場合に、その穴埋めができる人材を求めることが考えられる。しかし、仕事を整理するなどにより、今いる社員だけでも仕事を回せることもあり得る。その場合には、このように、採用が不要になる場合があることを考慮に入れる必要がある。

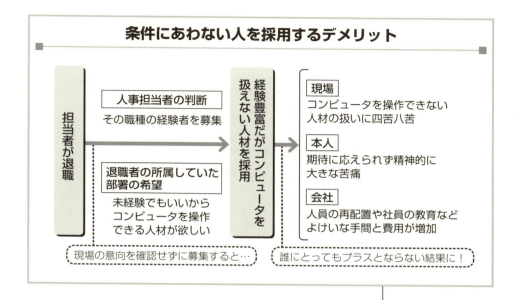

　たとえば、業務においてパソコンの操作が必要な場合でも、Excelの基本的な操作ができればよい場合と、マクロや関数の使用などの、より高度な技術が必要な場合があります。求人広告に「Excel操作ができること」と条件を記載しておけば、その技能を持った人が応募してくるはずですが、履歴書に「Excel操作ができる」「マイクロソフトの認定資格所持」などと書いてあっても、それが自社の業務に活用できる程度の技能かどうかがはっきりわからないことがあります。そのような場合には、既存の資料を手直しして例題を出し、実際に表作成をしてもらうというのもひとつの方法です。

　また、いくら能力的に問題がなくても、どうしても社内の雰囲気になれなかったり、仕事になじめない場合があります。

　採用試験の方法に、決まり事はありません。その会社独自の試験を設けることによって、応募者もある程度会社の仕事や実情を知ることができますので、必要に応じて工夫した試験を作成するとよいでしょう。

社内の雰囲気に合わない社員への対応

本格的に雇用する前に、1週間程度アルバイトなどの形で勤務してもらう「プレ入社」「仮入社」という手段を用い、様子を見る会社も存在する。

PART2 9 将来を想定した採用

人事の仕事の基本

採用担当者の教育が大切

■ 採用は時間をかけてじっくりと

　採用は、「欲しい人が来るまで合格を出さない」というくらいの覚悟を持ち、じっくりと腰を据えて行うのが理想的です。これまで、人手がないから早く補充したくて、応募してきた人をすぐに採用したり、何人かの応募者の中から「ここがちょっと問題があるが、このぐらいの人ならいいだろう」と妥協して採用したという経験を持つ会社も多いかもしれません。

　しかし、妥協による採用は、会社にとっても、採用された人にとっても不幸です。会社側が違った採用によって人件費など多くの損失を被る可能性があることは前述しましたが、過度の期待をかけられた上に、一方的に失望されてしまう社員も、精神的に大きな苦痛を強いられることになるのです。

　その意味でも、妥協して性急に採用するようなことは避けたいところです。回り道のようですが、必要な人材の洗い出し、採用のための条件設定、採用試験の方法決定といった事前準備をきちんとしておくほうが、会社・応募者双方にとってムダがないといえます。

■ 採用する際には3年後、5年後を見据える

　どんなに優秀な人材でも、すぐに会社の利益を生むような活躍はできません。人を採用すると、ある程度の研修や教育の期間が必要だということを十分理解しておいてください。なかなか期待どおりの働きをしてくれない、などと会社側が不満を高まらせていると、その社員は居づらくなってすぐ辞めてしま

人手不足の解消方法

どうしても会社の人手が足りないことが現実問題としてあり得る。その場合は、「繁忙期の3か月間だけ一時的に」などのように期間を区切った採用や、「派遣会社を利用する」「別の会社に仕事の一部を外注する」という方法もある。人手不足の解消方法は、採用だけではないことを念頭に置いた上で検討する必要がある。

採用に関する費用等

会社は、採用をするために、採用試験や面接を行うなど、さまざまな準備をしなければならない。そして準備のためには多くの経費がかかる。さらに、実際に採用に至った場合には、給与を支払っていくことになる。そのため、人材を採用した場合には、一日も早くその投資分を回収できるように社員に結果を出してほしいと考えるのが会社側の本音である。

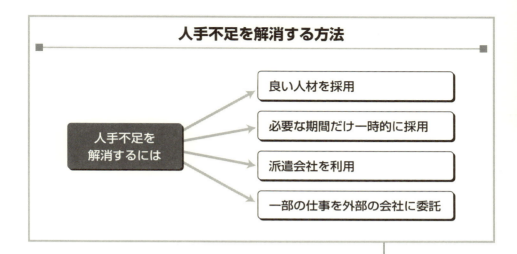

かもしれません。これではかえって不要なコストがかかることになります。採用して3年後、5年後、その人にどのような存在として会社にいてほしいかを考えた上で採用し、必要な教育をすることができるような体制を整えておくことが重要です。

また、ある程度仕事ができるようになってきたときも、せっかく育てた人材が他社に流れないように、評価制度を整えたり、常に新しい仕事に挑戦できるような組織づくりを心がけるようにしましょう。

■ 採用担当者の教育に力を入れる

もっとも、せっかく採用のためにさまざまな体制を整え、準備をしたとしても、面接や採用試験を直接担当する人が応募者の力を見きわめる能力を持っていなければ意味がありません。「必要な資格を持っている」「経験者である」「採用試験をトップで通過した」、などの情報だけではその人の人となりや隠れた能力といったことまではわかりません。最後には採用担当者の「目」が非常に重要な役割を果たすのです。

年数が経過した後の社員の離職に注意する

新入社員が、ある程度仕事ができるようになると、「もっと評価されたい」「新たな仕事にも挑戦したい」と考え、離職する場合が少なくない。会社側は、適切な評価体制や仕事の割振りの体制を整えておかなければならない。

人材募集のルート

PART2
10
人事の仕事の基本

必要な人材の条件によって募集ルートを使い分ける

■ どんな手段があるのか

人材募集のルートには、①知人からの紹介、②店頭掲示・チラシのポスティング、③学校への求人申込み、④ハローワーク、⑤新聞・求人雑誌、⑥折り込みチラシ・フリーペーパー、⑦求人サイト・転職サイト、⑧派遣会社・人材紹介サイトなどがあります。どんな人材を求めているかによって募集ルートを使い分けると、効率良く必要な人材にめぐり会うことができます。

失業した多くの労働者が、職を探す際に一番に思いつくのがハローワークでしょう。現在はインターネットで各家庭などからでも職探しができますので、より多くの求職者の目に求人情報が触れるようになっています。ハローワークは無料で求人情報を出すことができますが、あらかじめ社会保険（健康保険・厚生年金）、労働保険（雇用保険・労災保険）へ適正に加入しておくことが必要です。

なお、転職サイトについては、現在無職で次の仕事を探しているという人だけでなく、実務経験者も多いので、即戦力を求める場合などに活用すると有効でしょう。

■ 求人広告では採用基準をはっきりさせる

求人広告を出す際には、どういう人を採用するのかを決めておかなければなりません。まずは、採用基準を定めましょう。採用基準を明確にするための準備としては、次のようなことが挙げられます。

① 企業としての経営理念や行動規範を明確にする

知人からの紹介

従業員の身内や知り合いなどから人材を紹介してもらう場合、身元が明らかで能力や人柄も事前にわかるので、ある程度安心できるというメリットがある。一方、ミスマッチだった場合は知人の手前、断りづらいというデメリットもある。

求人サイト・転職サイト

インターネット上にはたくさんの求人・転職サイトがある。さまざまな情報をインターネットから得ることに慣れている若年層の人に求人情報を発信したい場合は、とくに効果が高いといえる。

ハローワークでの求人情報

事業所登録シートに必要事項を記入	▶	求人申込書に欲しい人材を記載	▶	ハローワークによる紹介	▶	面接結果をハローワークに報告
・事業内容 ・会社の特徴など		・職種ごとに登録 ・公開する情報を指定 ・公開期間は最長で3か月(更新可)		・面接予約の電話がかかる ・条件に合致する場合は原則として面接に応じなければならない		・採否にかかわらず報告しなければならない

企業の経営理念や行動規範、会社が何を大切にして仕事をしているかによって、求める人材は変わってきます。

② 企業の将来展望を検討する

常に利益向上をめざす企業としては、3年後、5年後など中長期的な将来展望も考慮した上での採用を考える必要があります。

■ 応募者をひきつける求人広告とは

大切なことは会社が採用したいと思うような求職者に、たくさんの求人広告の中から、「この会社はよさそうだ」と思ってもらえるような魅力ある求人広告を作ることです。そのためには、労働条件以外の情報を上手に伝える必要があります。伝えるべき内容としては、会社の歴史や経営理念、取り扱っている商品やサービスの内容といったことが挙げられます。

たとえば、会社の歴史を紹介するとき、「〇年創業」「〇年支社開設」「〇年新事業に着手」などのように年表形式で記載するだけでなく、創業者が起業するまでの経緯や起業したときの決意、支社を開設することになったときの喜び、会社の危機を乗り越えてきたときの苦悩といったことを書いてみてください。

店頭掲示・チラシのポスティング

事務所や店舗の近辺に求人募集のポスターを掲示したり、近所に求人チラシをポスティングするという方法である。情報が届く範囲は広くないが、近辺からの応募が多いため、採用後の交通費などの経費を節約することができる。

学校への求人申込み

中学校・高校や専門学校・大学などの教育機関を卒業する予定の学生を対象に、各学校へ求人申込書を提出することができる。とくに就職支援を行う学校の場合、教師が学生の相談に乗ったり、指導や校内選考といったことも行っているため、求める人材に向けて効率よく求人情報を届けることができる。

新聞・求人雑誌
配布範囲が広く、読者の多い新聞や雑誌に求人広告を掲載すると、非常に効果的である。ただし掲載期間が短く、情報量も少ないため、応募があったときに改めて詳細を応募者に伝える必要がある。

折り込みチラシ・フリーペーパー
特定の地域での求人情報を掲載する折り込みチラシやフリーペーパーは、求職者が気軽に見ることができる媒体である。とくに勤務地や勤務時間などの条件を重視して仕事を選びたい主婦層や学生などにとっては、仕事を探しやすい。また、店頭掲示やチラシのように近隣の人が応募してくることが多いため、交通費などの節約の効果も期待できる。

その当時の熱い思いや苦悩を伝えることで、求職者の会社に対する印象が具体化するはずです。

また、仕事内容を紹介するとき、「経理事務」「営業事務」「工場内勤務」などと記載すれば、どのようなことをするのかということはある程度わかりますが、自分がどういう形で働くのかといったことをイメージするのは難しいでしょう。そこで、実際に同じ職場で働くことになる先輩社員や上司にインタビューを行い、「部署の名物社員」「ここが我が部の自慢」「仕事をしていて達成感を感じること、つらいとき」といった職場の生の姿を紹介すると、より働く姿を実感しやすくなり、見る人の興味を引くことができます。

このように、単に箇条書きにした情報を羅列するだけでなく、会社の等身大の姿を伝えるための情報を、興味を引くような見やすい形で提供していくことが重要です。

■ 自社のホームページで募集する

もっとも、ハローワークの求人票や求人情報誌といった限られたスペースでの求人広告では、書ける情報は限られています。そこで、「書くスペースがない」「費用がかかりすぎる」「見てほしい人に見てもらえない」「新しい情報を出すのに時間がかかる」など、既存のツールが持っている問題点を解消してくれる求人広告のツールが、自社ホームページです。

自社のホームページであれば、常に最新の情報を、今まさに仕事を探している人に対して提供することができます。また、書くスペースも、書く内容も、作成者側が自由に決めることができ、写真や動画といった方法で、より強くアピールすることができます。

一つ問題になりそうなのが「費用面」ですが、維持という部分でいうと、それほどかかりません。ホームページを持つ場合、プロバイダとの契約料やサーバのレンタル料といった費用が

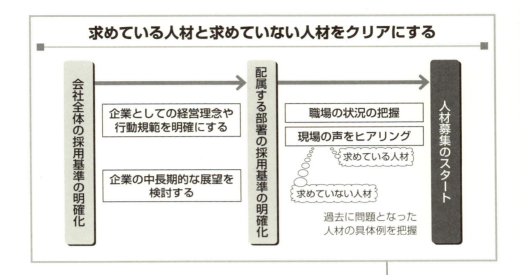

月々かかりますが、その金額は規模により異なり、中には数千円程度ですむ場合もあります。また、ある程度形ができていれば、簡単な修正は自社で行うことができるため、その分の費用は必要ありません。

最初の制作についても、もし自社にホームページの作成ができる社員がいるのであれば、その人に作成をまかせることもでき、費用を最低限に抑えることができます。ただ、「デザイン性やアクセス率の高い、見ばえの良いものを作りたい」という希望があれば、少々費用がかかっても専門会社に依頼するほうがよいでしょう。

採用広告に自社ホームページを利用することのメリットは他にもあります。それは、ホームページを見て応募してくれる求職者は、自社に強い関心を持ち、「ぜひ入社したい」という意欲を持って応募してくれる人が多いということです。自社に関心がない人は、すぐに労働条件のよい他の会社に移ってしまう可能性があります。そのため、ホームページからの応募者はまさに貴重な存在だといえます。

派遣会社・人材紹介会社

派遣会社や人材紹介会社に登録している人の中から、会社が求める人材像に近い人を選んで紹介してもらうシステムである。ただし、その分コストがかかり、条件に合う人が見つかるまで多少時間がかかる場合が多い。

PART2 11 応募者の視点に立った採用

人事の仕事の基本

応募者が知りたいことが何かを考える

■ 応募者が多ければよいわけではない

　採用基準や労働条件が決定し、いよいよ実際に求人情報を出すなどの活動を始めるわけですが、ここで気をつけたいのが、応募者をとにかくたくさん集め、その中から一番よい人を採用するという、「数を撃てば当たる」的な求人活動をしないということです。

　たとえ応募者の数が多くても、誰１人として採用基準をクリアすることができなければ意味がありません。それどころか、採用もしないのに労力や経費ばかりがかかることになります。また、たくさんの応募者を集めておきながら誰も採用しなかったとなると、応募者の心証は非常に悪くなります。会社の採用基準を満たすたった１人の人だけに応募してもらえるような求人情報を出す必要があります。

■「どんな会社なのか」を的確に知ってもらう

　採用したい人に確実に応募してもらうためには、応募者に自分の会社のことを知ってもらうのが一番です。ハローワークの情報や求人情報紙といった場所に記載できる情報は限られていますので、ホームページやパンフレットなどを使ってできるだけ多くの情報を伝えるようにしましょう。

　たとえば採用基準を満たしている人材が、小学生の子どもがいるために、応募を躊躇していたとします。会社にしてみれば、「フレックスタイムや育児休業制度についての情報を提供しているのだから大丈夫だろう」と思うかもしれませんが、応募者

会社が開示しておくべき情報

所在地や資本金、従業員数や組織体制などといった基本的な情報を記載するだけでは足りない。会社への応募者が、新しい環境に飛び込む不安を解消し、自分が働く姿をイメージできるような具体的な情報の提供が重要である。

理想的な会社の情報提供

応募者は自分の状況をあてはめられる詳細な情報を求めている。会社のホームページ上では、写真や動画を掲載するなどして、生の会社の姿を目で確認することができるようにしたり、会社見学会や幹部役員への質問会といった機会を設けてみるなど、自社の等身大の姿を伝える工夫が必要である。

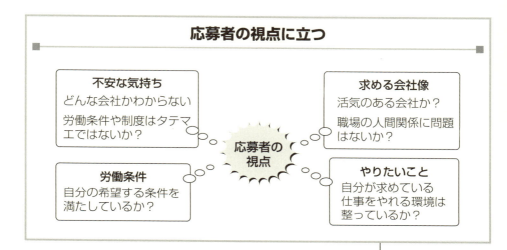

側にしてみれば、「制度はあっても実際に取得しにくい環境なのではないか」という不安を感じると、なかなか応募することができません。そこで、先輩社員が「子どもがいてもフレックスタイムや自宅勤務が可能な体制になっているので安心」といった経験談を語ったり、時間の使い方を図表にして示すわけです。これにより、応募者は自分の状況とあてはめやすくなって、応募を決断することができるのです。

■ 応募者の視点をもつことが大切

応募者の希望に沿えるような条件を提示したいのはやまやまですが、会社側が提示できる給与や勤務時間などの労働条件には、限界があります。そのため、よほどのことがない限り、条件面で他社を圧倒することは難しいかもしれません。

しかし、その会社の経営理念に共感を覚え、また尊敬できる社長が社員を引っ張っていること、さらに会社に活気があり将来性が感じられるといったことが伝われば、条件が少々悪くても応募したいと思うことがあるでしょう。あくまでも応募者の視点に立ち、応募者の求める求人情報を出すことが大切です。

> **応募者は複数の会社の情報に触れていることを意識する**
> 会社が応募者を選考するように、応募者もたくさんの求人を行っている会社の中から1社を選択して応募している。求めている人材に自社を選択してもらうためには、他社に負けない魅力を上手にアピールする必要がある。

PART2 12 会社説明会の開催と採用選考の開始

人事の仕事の基本

説明会では的確な情報を伝え、一方通行なものにしない

■ 会社説明会の開き方

　会社説明会の内容は、求職者の会社に対するイメージや志望動機に大きく影響を与えます。また、会社の採用活動においても重要なポイントとなるイベントだといえます。人事担当者は入社してほしい人材を明確にし、きちんと採用計画を立てた上で開催するようにすべきでしょう。

　会社説明会を開催する際に、まず気をつけなければならないことは、「自社の特徴がきちんと求職者に伝わるようにする」ということです。会社の概要を説明し、会社の経営理念を理解してもらわなければなりません。その上で、実際の仕事の内容について詳しく説明し、会社の求める人物像や労働条件を伝えていくようにします。また、説明会以後の採用選考スケジュールについても知らせておくことを忘れないようにしましょう。

　説明会では、質疑応答の時間をとるようにすることも大事です。会社側からの一方的な説明に終始すると、求職者側が会社に対してどのようなことを求め、疑問に思っているのかがわからないからです。

■ 採用選考時の注意点

　採用選考の実施にあたって、企業側が最も気をつけなければならないことは「公正な」採用選考を行うということです。逆に、応募書類に性別や思想、家族状況、生活環境といった応募者の適性・能力とは関係ない事柄を記入させて門前払いすることは違法になるため、避けなければなりません。

会社説明会のメリット

会社説明会は、会社が求職者の関心を引いて会社をよく知ってもらうために開く。一番の目的は、応募者を増やすことにある。一方で、応募者にとっても、興味を抱いている会社の実態を自分の目や耳で確認できるという利点がある。会社説明会は、会社と求職者の双方にとってメリットが多い。

合同説明会の利用

会社としての知名度がそれほど高くない場合、個別説明会では集客が難しい場合もある。そこで、中小企業の場合は多数の企業が集まって開催される合同説明会に出展する方法もある。

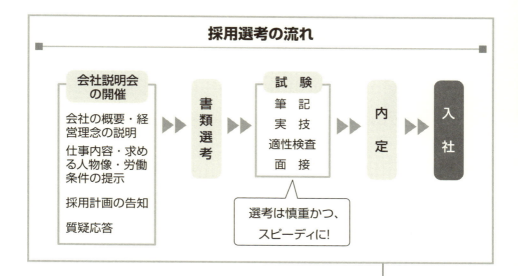

　応募者の公平を図り、適性や能力を基準とした書類選考をするためには、決まった期日前に関係書類を提出させたり、選考を行ってはいけません。また、提出書類として戸籍抄本や住民票を求めることはできないので注意してください。

　最近では、インターネット上で応募者を登録させる会社も多くなってきていますが、そのエントリーシートの中の項目についても就職差別の項目がないかを注意しなければなりません。就職差別の問題とともに注意しなければならないのが、個人情報保護の問題です。個人情報とは、ある個人について、それが特定の個人であると識別できる情報のことです。個人情報保護法により、個人情報を得る場合は、本人から直接、もしくは本人の同意を得た上で本人以外の者から集めなければならない（この場合は提供元・提供年月日の記録が必要）とされています。

　また、採用担当者は、求職者の個人情報について、その業務の目的の達成に必要な範囲内で収集・保管・使用し、また不採用時は写しも含め的確に返却や破棄をしなければならないと定められています。

書類選考で気をつけるべきこと

提出する書類の中に作文を設ける場合、テーマ選びには注意をする必要がある。出生地や家庭環境、住宅状況、支持政党、宗教、思想信条などは就職差別につながるおそれがあるため、課題テーマにすることはできない。

PART2 13 選考方法の決定と書類選考の開始

人事の仕事の基本

ムダを省いて適切な人材を確保する

■ 求める人材像を事前にまとめておく

求める人材を得るためには、ムダを省くためにも、効率的な方法で選考を行う必要があります。

とくに、採用したい人材に求めるスキルや人間性については、事前にまとめておくことが効果的です。まずは、求める人材に必要な経験・知識・スキルを図や表にまとめます。そして、選考者がまとめた内容をもとに、応募者の能力の有無・程度を判断することができる状態で、採用試験を実施します。

■ 書類選考の順序

書類選考を効果的に行うためには、行う順序が非常に大切です。必ず「面接の前」に行うようにしましょう。面接の前に書類選考のステップを入れておくことは、ムダを省くという意味で非常に効果があります。

仮に書類選考をせずに全応募者を相手に面接を行った場合、採用担当者の負担はかなり大きなものとなることが容易に想像できるでしょう。いくら求める人材にアピールできる求人方法をとっていたとしても、中には不要な人材も応募してきてしまう場合があります。このような採用方法では、うまくいかない場合がほとんどです。

書類選考の段階で、自社にあわないと判断した応募者を不合格にすれば、実際に来社してもらう人数を絞り込むことができます。採用担当者は、書類選考でふるいにかけた後の候補者だけに集中することができるというメリットがあります。

選考方法の決定手順

求める人材を得るための効果的な選考方法を考える際には、まず企業理念・行動指標を明確化する必要がある。そして、人員補充などの必要性があるのかを確認して、求める経験・知識・スキルなどについて、優先順位をつけなければならない。とくに、過去の採用担当者や中途採用者から選考プロセスについての意見を拾い上げ、不要な人材を、労力をかけずにふるいにかけることのできるような選考プロセスを確立させることが重要である。

書類選考のメリット

書類選考は、会社側が不要な人材をふるいにかけることができるだけではない。書類選考を通った候補者については、その後、面接や採用試験へと進むことになるが、選考で活用した書類を後の採用判断に用いることができ、基礎情報を事前に取得することができるという大きなメリットがある。

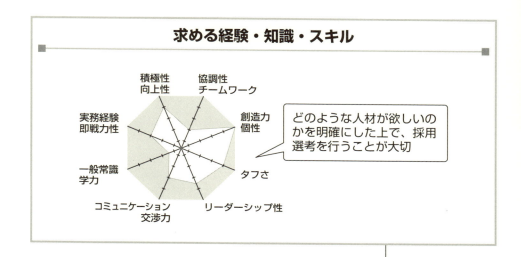

■ 適性試験について

　書類選考と同じく、導入するメリットが多いものに「適性試験」が挙げられます。適性試験を導入した場合、面接や書類選考では判断できない情報を得ることができます。

　具体的には、その候補者の知能指数や教養、言語能力、非言語能力、性格、ストレス耐性などです。このような情報については、本人が提出した書類をもとに判断するのは客観性に欠け、面接官が判断する場合も正確に把握できる可能性は低いことが想像できます。

　その点、適正試験の場合は、候補者が同一の条件で行うものであるため、ある程度の指標とすることができます。

■ 面接だけではわからないこともある

　中には、履歴書と面接だけでは把握しきれない内容もあります。そのため、実際の業務に即した筆記試験や実技試験を実施することも効果的です。また、配属される予定の部署のメンバーと実際に面談をさせ、在職者に対するコミュニケーションの取り方などを見る方法もあります。

> **適性試験の活用方法**
>
> 適性試験の結果だけをもとにして採否を決めるべきではない。適性試験の有効な使い方として、書類選考や面接を活用して、採用担当者が最終的な見極めを行う際に候補者の持つ潜在的な能力や性格を加味する方法が挙げられる。これにより、書類選考や面接では判断のつかない事項について、参考資料を入手することができる。

PART2 14 応募書類のチェックポイント

人事の仕事の基本

内容以外にも人となりを知る手がかりがある

■ 履歴書から読み取れること

　履歴書の内容でとくに注目したい項目に、職歴があります。それまでどんな仕事をしてきたかということはもちろん、前職の在職期間や次の就職先に移るまでの期間などに注目しましょう。転職・退職の期間が短い場合や、次の就職までかなり間があいているという場合は要注意です。

　なお、市販されている一般的な履歴書には、①作成日、②名前（ふりがな）、③生年月日・年齢、④性別、⑤住所、⑥電話番号、⑦学歴・職歴、⑧免許・資格、⑨志望動機・趣味・特技・アピールポイントなど、⑩本人希望、⑪写真貼付欄などといった項目が用意されています。

■ 内容のどんな点に着眼するか

　記載内容を見るときに気をつけなければいけないことは、書かれていることがすべて真実かどうかはわからないということです。表面的な記載内容をうのみにせず、注意深く確認しましょう。具体的には次のような点に着眼してみるとよいでしょう。

・学歴・職歴

　学歴・職歴は履歴書の中でも重要な情報のひとつですので、とくに慎重に目を通すようにしましょう。中でも入学・卒業・入社・退社などの年と年齢に矛盾がないか、中退・留年・退職などの理由が書かれているか、空白の期間（学校や企業などに所属していない期間）中どんなことをしていたのかについてはチェックしておき、必要に応じて面接の際などに確認すべきで

履歴書の体裁

履歴書は通常手書きで作成するので、とくに文字の書き方や必要事項の記述の仕方、誤字・脱字の有無などによって、丁寧に仕事ができるか、応募に対する熱意や姿勢はどうか、ビジネスマナーを身につけているかなどの点を知ることができる。志望動機欄では、その人独自の言葉を使って書かれているかをチェックする。就職ガイドのお手本をそのまま書き写しただけか否かも確認する必要がある。

履歴書の記載事項で気をつけるべきこと

住所や電話番号については以下の点に留意すべきである。
①住所が正確に記載されているか
②電話番号については、最近は携帯電話の番号のみを記載することも多いが、固定電話を記載していない場合、定住していない、金銭的に不安がある、などの問題を抱えていることもあり得る。

履歴書を見る時のチェックリスト

形式面

■ 全体
・記載項目のすべてが埋まっているか？
・手書きかパソコンか？

手書き
- 字が雑ではないか？
- 略字が多用されていないか？
- 誤字・脱字がないか？
- 修正跡・汚れがないか？

パソコン
- 字が丁寧かどうかを他の書類などでチェックできないか？（筆記試験や面接時に手書きする必要のあるシートを配布するなどの工夫をする）
- パソコンのスキルはどの程度か？

■ 写真について
- 証明写真を貼っているか？
- スナップ写真を使っていないか？
- 目線は正面を向いているか？

しょう。

・免許・資格

どんな免許や資格をいつ取得したかということはもちろんですが、その内容がどんなものかということも確認しておく必要があります。幅広い種類の資格を持っている場合、粘り強く目標に向かって努力できるとみることができる反面、ひとつの仕事に従事する覚悟がなく、すぐに転職されてしまう可能性もありますので、注意が必要です。

・本人希望

仕事時間や業務内容についての希望を書くことはミスマッチを防ぐためにも重要なことですが、まだ仕事を始めていない段階から細かい希望を書いてくる場合、その条件にわずかに反するようなことがあっただけですぐに辞めてしまう可能性がありますので、注意が必要です。

履歴書の形式で気をつけるべきこと

履歴書が届いた日と作成日との間が空きすぎているような場合には、他の会社で不採用になったために返送されてきた履歴書を使い回している可能性がある。

履歴書の書き方の常識

履歴書類について、内容ではなく体裁なども見る必要がある。たとえば、修正液の使用跡や汚れなどがないかなどのチェックが有効的である。ビジネスの世界では契約書などの重要書類を作成中に書き損じをした場合、改めて新しいものを書き直すか、二本線を引いて訂正印を押すといった手段を採るため、常識をはかる指標になる。

■ 職務経歴書から読み取れること

　職務経歴書は、求職者の職歴をより詳細に記載したものです。
　履歴書の職歴欄でも前職の会社名や勤務年数、簡単な仕事内容などがわかりますが、職務経歴書にはどんな部署でどういう仕事を担当したか、どのような役職を担っていたか、部下が何人いたか、仕事においてどんな成果を上げたか、身につけた技術や知識、資格にはどんなものがあるか、といったことが書かれています。これを見る場合も、まずは体裁に注目しましょう。手書きが主の履歴書に対し、職務経歴書はパソコンで作成されていることも多いので、その人のパソコンの習熟度なども見ることができます。

　内容面では、転退職の理由がきちんと書かれているか、その内容に矛盾がないかといったことも重要なチェックポイントです。何度も転退職を繰り返している場合、勤務態度が悪い、不正を働いたなどの問題を抱えていることもありますので注意が必要です。

■ 職務経歴書類の体裁からわかること

　職務経歴書は履歴書のように市販されているわけではありません。同じ形式になっていたほうが内容を見比べやすいので、会社側で形式を作成しておくのもひとつの方法ですが、応募者にまかせて自由に作成してもらう場合、個々の能力や人となりを見ることができます。具体的には次のような点に着眼するとよいでしょう。

・どういう項目がどのような形で書かれているか

　職務経歴書には、希望職種、応募資格、職務経歴、企業名、従事した年数、業務内容、実績、表彰歴などの評価、役職といったことを記載するのが一般的です。これらの内容をどのような形で会社側に伝えようとしているかをよくチェックしましょう。

・ビジネスマナーに添っているか

必要書類は手書きかパソコンか

手書きの場合、文字が丁寧に書かれているか、略字を多用していないかをチェックする。一方、パソコンの場合、その人のパソコンスキルがどの程度かということを知ることができる。

履歴書を見る時のチェックポイント

内容面

- 住所を正確に書いているか？
- 電話番号は固定電話かどうか？
- 学歴・職歴に矛盾点はないか？
- 学歴・職歴の空白の期間を省略していないか？
- 免許・資格の内容とそれぞれに関連性はあるか？
- 志望動機・アピールポイントがありきたりのものではないか？
- 趣味・特技が偏っていたり範囲が広すぎないか？
- 本人希望が全くない、または細かすぎないか？

　職務経歴書の提出を求める場合、求人の対象はすでに社会人経験がある人です。そのため、一般的なビジネスマナーを身につけているかどうかが重要なポイントになります。職務経歴書の確認は、以下の点に着眼して行いましょう。

・**簡単にまとめすぎていないか**

　具体的な実績が記載されていても、あまりに短くまとめられていると、それが誇張やウソかがわからないので、面接で質問を行うなどして実態確認が必要です。

・**携わってきた職務の内容の一貫性**

　携わってきた職務内容に一貫性がない場合、「飽きっぽい」「ささいなことに不満を感じる」「仕事に真摯に取り組む気がない」などの理由で、仕事が長続きしない可能性があります。

・**具体性のない内容になっていないか**

　会社側が技術などを習得した即戦力を求めているにもかかわらず、単に熱意だけを伝えてくるだけでは、能力的に問題がある、または会社側が求めていることを知ろうとしていないと判断されても仕方がありません。

　また、退職理由に具体的な内容を記載していない場合、不都合なことを隠そうとしている可能性があります。

危険な応募書類の見分け方

PART2 15　人事の仕事の基本

書かれた内容に疑問がある場合は必ず確認をとる

■ 職務経歴についてのポイント

提出された履歴書や職務経歴書に記載されている職務経歴の内容に問題がある場合は書類選考の段階で除外します。もしくは、面接の際に直接核心を突く質問をするなどして疑問を解消しておくべきでしょう。

■ 退職後にブランクがある場合

学校を卒業した後や退職した後、数か月にわたってブランク期間がある場合があります。この場合に考えられる理由としては、①短期間、別の企業で働いていた、②資格取得などのための勉強をしていた、③病気やケガなどで療養していた、④失業保険をもらえる間、漫然と生活していた、などが挙げられます。

■ 退職理由からわかること

退職理由には「一身上の都合」「会社の業績不振による解雇」「倒産」「期間満了」などが記載されているのが一般的ですが、できれば詳しい理由を確認しておくほうが無難です。とくに理由が全く書かれていない、もしくは「一身上の都合」という理由が何回も出てきている場合は、必ず面接などの場で確認を取るようにしましょう。

「自分の可能性を試したかった」「新しいことに挑戦したかった」といった理由の場合、積極的に仕事に取り組んでくれるという見方もできますが、一方で、理想主義で思いどおりにならないとすぐに退職してしまう可能性もありますので注意が必要

職務経歴に関して確認すべき事項

職務経歴で、学校を卒業した後や会社を退職した後に長期間のブランクがある場合や、退職理由が書かれていない、「一身上の都合」などあいまいなものが多い際には、面接等により確認する必要がある。また、志望理由が書かれていない、「御社の事業内容に関心があったため」など当たりさわりのないことしか書かれていない場合にも、より具体的な内容を確認する必要がある。

履歴書の記載の真実性

全員が履歴書に正直に記載してくれていればよいが、応募者は採用に不利になるようなことはあえて記載せず、隠したまま通そうとすることもあるため、注意が必要である。

危険な応募書類の特徴

退職後に長期間のブランクがある場合

- ■ 実は他の会社で働いていた場合 → 現在もアルバイトとして働いているような場合
- ■ 資格取得などのための勉強をしていた場合 → 業務に関係のない資格の場合
- ■ 病気やケガで療養していた場合 → 現在も治療中の場合
- ■ 失業保険の受給中に就職活動をしていなかった場合 → 「前職が激務だったため休養していた」といった事情がない場合

退職理由が書かれていない場合や「一身上の都合」としか書かれていない場合

- ■ 実は家庭の事情で退職した場合 → 現在もその事情について解決していない場合
- ■ 自分の可能性を試したかった場合や心機一転などが理由の場合 → 何度も退職している場合

志望理由に個性がない場合

- ■ どの会社に出しても通用しそうな理由しか書かれていない場合

です。また、「会社の業績不振による解雇」「倒産」などの理由の場合、それが2件以上続いている場合は本人の能力や協調性といった面に問題がある可能性もあります。

■ **志望理由からわかること**

志望理由は、応募者の会社に対する関心や熱意といったことが伝わる部分です。記述自体は簡潔でも、会社の業務内容や現在必要としている人材を的確に把握し、自分の能力をどのような形で活かすことができるかを冷静に判断して志望している人も中にはいます。注意深く読み取るようにしましょう。

> **志望理由で気をつけるべきこと**
>
> 志望理由欄に「これまでの経験を生かせそうだから」「御社の商品やサービス内容に将来性を感じたため」など、抽象的な内容を記載している場合、その会社が第一志望ではない、他の会社で不採用になり続けているといったことが考えられるため、採用を見合わせたほうが無難な場合がある。

PART2 16　人事の仕事の基本

面接の実施

面接のノウハウは次回に活かせるようにする

■ 面接について

　面接は、すでに実施した書類選考や適性試験を通過した応募者を相手に行うもので、これまでに得た情報を最大限に活用して、採用すべき人材であるかどうかを見極めます。まずは事前情報をもとに応募者に質問をします。回答からさらに質問がある場合には質問を重ね、面接で知っておきたいことを尋ね終えた後、最後に応募者からの質問を受け付けるようにします。

■ 次回の採用に生かす

　会社は原則としてずっと存続するものであり、会社が存続する限り採用活動も繰り返されます。採用活動が一度限りのものではない以上、過去の採用活動を振り返り改善点を見つけ、対策を考えた上で次回の採用活動に活かすことは非常に重要です。採用活動の過程で応募者から得られる情報を常に把握し、次の採用活動につながるように取り組む必要があります。

■ 面接官は事前に何を聞くかをまとめておく

　面接は書類選考を経てから行われるのが通常ですが、せっかく書類を入手していても、書類選考でふるいにかけた後、書類を放置したままで面接当日を迎えるようでは、書類選考を導入した意義が半減してしまいます。必ず、書類選考で得た情報を元に、面接で何を質問するのかを事前にまとめておきましょう。
　応募者全員に質問をするのは、客観的に応募者の能力を判断するために、同じ質問をする必要があるからです。全員に行う

グループ面接

一人ひとり面接していたのでは対応しきれないほどの人数の候補者が面接の段階でも残っていた場合には、グループ面接を行う場合がある。グループ面接を実施する場合には、グループ間で偏りが生じないように、グループごとの合格者数にはこだわらず、同一の基準で選考する必要がある。

面接の事前準備

質問事項をまとめた内容を含めた面接進行表を作成して、その表に従って実際に模擬面接を行うことは重要である。面接官は事前に得られた情報をもとに、応募者が求める人材かを判断する。相手の態度や第一印象など、後に選考の段階で必要となる情報を見落としてしまわないように、面接の手順をしっかり確認しておく。

面接官に求められること

```
面接方法・内容の決定  ←  最終選考
    ↓                    ↑
・問題点・反省点のチェックと改善   ・採否の決定
・今回の求人固有のポイントを確認   ・質問事項・段取り等の反省

面接方法・内容の書類から      面接の実施
質問事項をピックアップ         ↑
    ↓                    ・会社の顔としてふるまう
・前回の求人のフィードバック     ・言動に気をつける
・書類選考時に得た情報を参考にする  ・応募者の第一印象・態度を
                          メモしておく

質問事項のリストアップ       問題点のチェックと改善
    ↓                    ↑
・全体への質問事項           ・うまくいかなかった点の
・掘り下げた質問事項           チェックと改善
・個別の質問事項            ・「模擬面接の実施・問題点の
                          洗い出し・改善」を3回くらい
                          はやっておく

面接進行表の作成  →  模擬面接の実施
・面接時のチェックポイントを    ・段取りを頭に入れる
 記した面接用のシートも作成しておく ・問題点がないかを確認する
```

質問の内容は、おもに応募者が会社の価値観にあうかどうか、企業理念に共感しているか、行動指針を理解し実行できる見込みがあるか、といった全職種共通で知る必要のある内容のものです。それ以外にも、なぜ自社の業界で働きたいと思ったのか、業界の中でどうして自社を選んだのか、といった応募理由についての質問も、職種に関係なく全応募者に聞いておくべきでしょう。

また、応募者に対して気になる点には、他社での就職活動状況があります。就職活動の現状を聞くこと自体に問題はありませんが、他社での就職活動を制限するような申し出や圧力をかけることは、いわゆる「オワハラ」にあたりますので注意が必要です。内定は雇用契約を事前に予約するもので、応募者・会

オワハラ

「就活終われハラスメント」の略語。内定もしくは内々定を出した学生に対し、今後の就職活動を控えることや、他社からの内定辞退を促し、圧力をかける行為をさす。他者に優秀な人材が流出することを避けるために多発している。

応募者自身ではどうすることもできない事柄
国籍や出身地、応募者の家族についての情報が挙げられる。また、応募者の家庭環境や生活環境、居住環境なども質問してはならない。

応募者の思想の自由を妨げるような内容
おもに応募者が支持する政党や宗教、社会運動の活動の有無や活動歴が挙げられる。購読新聞・雑誌や愛読書、尊敬する人物なども場合によっては思想の自由を妨げる可能性があり、聞かないほうが無難である。

社ともに解約権利を持ちます。他社での就職活動を制限するような申し出や圧力の程度がひどい場合には応募者から訴えられるケースもあります。他者での活動状況については、あくまでも現状調査にとどめておきましょう。

■ 面接官が聞いてはいけないこととは

　応募者に聞いてはいけない内容とは、おもに応募者自身ではどうすることもできない事柄や、思想の自由を妨げるような内容です。

　こうした事項とは別に、一般的にセクシュアルハラスメントにあたるとされている質問事項も差し控えるようにしましょう。どのような言動がセクシュアルハラスメントにあたるのか、という点については、面接担当者自身は全くその気がなくても応募者側がそのように受け取ればセクシュアルハラスメントにあたる、と判断される可能性もあるので、十分注意してください。

■ 面接時のポイント

　面接の準備段階でやっておくべきこととして、模擬面接の実施以外に、面接シートを作成することが挙げられます。面接シートには、前述の質問すべき内容をまとめた事項の他に、面接の段取り、採用基準、面接終了前の確認事項などを盛り込みます。また、応募者の第一印象や態度などについても項目を作っておき、面接時に書き込めるようにしておきます。そして、面接に入った後は、会社を代表する「顔」として、応募者に対して丁寧に、そして失礼のないように接するようにしましょう。

　質問を始める際には、いきなり変化球を投げるようなことはせずに、まずはオーソドックスな質問を投げかけて相手の緊張を解いてあげるようにしましょう。そのときの応募者の対応から緊張が解けたと判断した場合は、回答ごとに準備してある質問や個々の応募者用に準備した質問に移行してもよいでしょう。

重要な事項を説明するタイミング

面接の3ステップ

		導入部 →	面接のコア部分 →	締めくくり
実行内容	実行目的	応募者をリラックスさせる	やりとりがスムーズにできるようになったら… **採否の判断につながる重要事項を質問する**	質疑応答 採否の連絡について
	（観察内容）応募者の見極め	応募者の第一印象・態度・身だしなみをチェック	応募者の受け答え・態度をチェックする	最後まで気を抜かずに態度・言動などをチェックする

　時間内に与えられた裁量内で、という限定的な状況下ではありますが、応募者の実際の能力や性格など、採用の判断材料となりそうな情報を面接シートに従いながら引き出すようにすることが大切です。

　なお、この面接シートですが、ファイルやバインダーに挟み込むなどの工夫をして直接応募者の目に触れないように注意しましょう。面接シートにメモをとる際にも、さりげなく行うようにして、応募者の集中力が削がれることのないように注意する必要があります。面接時には面接シートだけでなく応募者が提出した書類にも目を通します。応募者が提出した書類にはメモなどはしないのがマナーです。とくに履歴書などは本人に返却する場合もあるため、絶対に記入しないようにしましょう。

　また、転勤や部署の異動の可否を尋ね忘れたまま採用し、転勤を命じたら本人に転勤できない事情があった、というケースもあります。こうした場合もトラブルに発展しやすいので、注意しましょう。

> **面接時のメモ**
> 面接を行う場合には、応募者の印象や、回答内容に関して、メモをとっておくべき必要がある。書類と異なり、面接はやり直しができないため、気づいたことは何でもメモを取ることがとくに重要になる。

PART2 17 採用通知や不採用通知の出し方

人事の仕事の基本

採否が確定したらできるだけ早く通知する

■ 選考はだらだら行ってはいけない

　採否の決定については、スピーディに行うことが重要です。求職者は他社とかけ持ちで応募していることが多いため、採否の検討をしているうちに応募者が他社に流れていかないよう、本人との連絡を密にしておきましょう。

　とくに優秀な人材は、どの会社でも獲得したいと考えているため、応募から採用決定までのスケジュールはできる限り短くして、面接の結果も整理しておき、採否の決定がスピーディに行えるようにしなければなりません。

■ 採用通知の出し方

　採用を通知する際には、次のような内容を明記します。
・「採用すること」が明確にわかる一文
・勤務地、給与、勤務時間などの労働条件
・入社日および当日の出社場所など

　会社が採用を確定したにもかかわらず、後になってこれを辞退する求職者もいます。とくに新卒者の場合、同時に何社もの会社の就職試験を受けていることも多く、第一希望の会社の内定が出たら他の会社には就職しない、ということもあります。このようなことになると、また採用活動をやり直すことにもなりかねませんので、採用通知と一緒に入社承諾書などの書類を同封し、期日までに返送されなければ内定通知を取り消すなどの形をとるようにしましょう。

　なお、履歴書などの個人情報書類は勝手に廃棄または保管し

採否の決定に関する慎重性

採否の決定は、スピードも重要であるが、前提として、応募者にとっても会社側にとっても将来を左右する重要なことなので、慎重に行わなければならない。応募者の適性や能力を評価した結果がきちんと反映されたものであるか、入念に検討する必要がある。

不採用通知

応募者の多い会社などでは、採用者にのみ通知をするというところもあるが、会社の誠意を示すためには、不採用者にも通知をするほうがよい。不採用を通知する際には、「不採用であること」が明確にわかる一文を明記する他、応募に対する感謝や慎重に審査した旨などを丁寧に記載し、求職者の気持ちに配慮するよう心がけなければならない。

採用通知書サンプル

平成○年○月○日

○○○○様

○○物産株式会社
代表取締役　○○○○

採用通知

拝啓　時下、益々御清栄のこととお慶び申し上げます。
　先日は当社の社員募集にご応募頂きまして、有難うございました。厳正なる選考の結果、貴殿の採用を決定致しました。
　つきましては、下記ご留意の上、指定日にご来社下さいますようご通知申し上げます。

敬具

記

1．来社指定日　平成○年○月○日
　　　　　　　　午前9時
2．来社場所　当社総務課
3．持参するもの
　　①印鑑
　　②年金手帳、雇用保険被保険者証（持っている場合に限る）
　　③住民票記載事項証明書

以上

不採用通知書サンプル

平成○年○月○日

○○○○様

○○物産株式会社
代表取締役　○○○○

拝啓　時下、益々御清栄のこととお慶び申し上げます。
　先日は当社の社員募集にご応募頂きまして、有難うございました。厳正なる選考をしました結果、今回は誠に残念ではございますが、貴殿の採用について見送らせて頂くことになりました。
　私どものように少ない人数で事務処理をしている立場から申しますと、やはり実務経験者を優先的に採用せざるを得ません。
　貴殿は、礼儀正しく、また仕事に対する意欲も感じられ大変好感の持てる人物です。必ずや、希望の仕事に就けることと存じます。
　貴殿のさらなるご活躍を祈念しております。

敬具

たままの場合、管理上の問題が出てくる可能性がありますので、一緒に返送するほうが無難です。

■ 採用時の提出書類

　入社承諾書が提出され、採用が決定した新入社員に対しては、すぐに入社日や出社時間、出社場所などを通知します。同時に、住民票記載事項証明書や通勤経路図、社員証に貼る写真、給与振込依頼書などを提出してもらいます。住民票記載事項証明書は、住所を記した公的な文書で、本籍の記載がなく個人情報も保護されています。なお、従業員のマイナンバー情報取得のため、個人番号カードや通知カードの提出も求められます。新入社員が転職者の場合は、入社日に年金手帳や雇用保険被保険者証、前の会社の源泉徴収票を持参するようにお願いしておきましょう。

　また、入社時には、会社のルールに則って業務に従事することを約束する「誓約書」と、不正があったときなどには損害賠償などの保証人となることを明記した「身元保証書」、資格を所持している証明となる「資格証明書」などを提出してもらうケースもあります。

■ 誓約書について

　誓約書は、会社の就業規則やその他の規則を守って業務に専念することを約束する文書です。社員に、会社組織の一員として企業目的の遂行のために一生懸命に働くことを誓わせるねらいがあります。誓約書は、法的な効力はないものの、署名、押印を要求しているので、社員にとっては精神的な拘束を受けるものであり、書くことによって社員としての自覚を促すことにもつながります。

■ 身元保証書について

　「身元保証書」は、社員の保証人と会社の間で交わされる契約書です。身元保証書を交わす意義は、もし身元保証をする相手が会社に対して損害を与えた場合、保証人が連帯してその責

健康診断書

労働安全衛生法では、「社員を採用する場合は、採用時の健康診断を実施しなければならない」と規定している。そこで、会社は、入社まもない時期に健康診断を行うか、入社前3か月以内の健康診断書を提出させるかの措置をとらなければならない。

誓約書の内容

誓約書には、①上司の指示や命令に従うこと、②同僚と協力して職場の秩序を守ること、③配置転換やその他の人事異動に従うこと、④業務上知り得た秘密を漏らさないこと、などの内容が盛り込まれている。

身元保証書の更新等

身元保証書は、自動更新はできない。労働者本人の仕事や勤務地に変更があった場合、会社側は身元保証人に通知する義務がある。なお、仕事の変更があった場合は、身元保証人は身元保証の契約を解除する権利を持っている。

身元保証書

――――――――――――――――――――――

身 元 保 証 書

株式会社○○○○
代表取締役　○○○○様

住所　　○○県○○市○○1-1-1
氏名　　○○　○○
生年月日　○年○月○日

　この度、上記の者が貴社の社員として採用されるにあたりまして、私は下記の項目に基づき、貴社に対して身元保証をいたします。

（賠償責任）
第1条　本人が、貴社の就業規則その他の服務規律に違反し、または故意もしくは過失により貴社に対して損害を被らせたときは、直ちに本人と連帯して損害額を賠償いたします。

〜〜〜〜〜〜〜〜〜〜〜〜〜〜〜〜〜〜〜〜〜〜〜〜〜〜〜〜〜〜〜〜

（存続期間）
第4条　保証期間は、契約成立時から5年で終了するものとします。ただし、契約を更新することは妨げないものとします。

平成27年○○月○○日

　　　　　　　　　身元保証人　住所　　○○県○○市○○3-3-3
　　　　　　　　　　　　　　　氏名　　○○　○○
　　　　　　　　　　　　　　　生年月日　○年○月○日
　　　　　　　　　　　　　　　本人との続柄　○○

――――――――――――――――――――――

任を負うということを文書で示すことにあります。つまり、会社に、その相手が社員として適性があると推薦すると同時に、会社に損害を与えた場合には金銭的にも保証していくことを約束することです。もし、その相手の在職中に被害を受けた事実が発生した場合は、その相手が退職した後でも身元保証人は賠償責任を負わなければなりません。

　身元保証書には有効期間が設けてあり、更新の手続きを行わないと、以後は無効になります。有効期間は定めを設ける場合は上限5年、定めがない場合は3年間になります。

教育研修

企業の業績向上のためには必要なスキルの養成が大切

■ 教育研修について

　教育研修は、企業が従業員に対して行うもので、企業の業績アップのために、従業員のスキルや能力を向上させるための教育が行われます。教育研修の種類には、OJT（On the Job Training）、OFF-JT（Off the Job Training）、自己啓発などがあります。研修の中で、広く一般的に採用されている研修方法はOJTです。その他の2つの研修は、OJTの補助的なものとして行われることが多くなっています。

　企業の教育研修の内容や方法は、その業態や事業内容によってさまざまですが、共通する目的は人材の教育と育成をはかり、企業の実績に結びつけることです。企業の実績はそこで働く人材の質や能力によって決まります。優秀な人材の確保はさることながら、その人材をいかに教育し、さらに質を高めることができるかは企業が行う教育研修にかかっているともいえます。人事部の仕事のひとつとしての教育研修内容の立案や実施は、企業における重要な役割を担っています。自社の商品やサービス、その業界の動向を把握し、その上で自社の社員を教育していくことが必要です。

　また、その部門の業績や人的資源の見極め、その人材活用の方法を的確に把握することも求められます。

　教育研修には、OFF-JTなど職場以外の場所での研修もあるので、講師を外部に委託することがあります。そのコーディネイトも人事の大切な仕事です。研修を定期的に実施し、研修内容と実施した研修実績についてはきちんとフィードバックや考

社員からの研修レポート等

教育研修の実施においては、社員からの研修に対するレポートの提出を義務づけたり、研修内容を長期的な業務戦略に活かすための展望レポートを提出させたりすることも有効である。教育研修の実施と合わせて、その後の社員に対する評価基準を決定する判断材料になる場合もある。

管理研修

研修というと、対象者は新人のように聞こえがちであるが、一定の能力が形成された後に、管理職研修が用意されている場合もある。

研修の種類と内容

種類	研修内容
OJT	講師などを招いて行う職場内での研修のこと。業務を通じて部下への直接的な研修が行われ、ビジネスパーソンとして必要なスキルを身につけさせる
OFF-JT	一定期間、職場外で集中的に実施される研修のこと。特定の技能や語学能力を身につけさせるために行われる。社内で研修コースを設けている場合もあれば、社外の第三者機関に委託して行われることもある
自己啓発	上記の教育研修のように直接的な指導、教育が行われるものではなく、社員自らが自発的に行うもの。具体的には、業務に必要な資格の取得や、スキル・知識の向上をはかるための自主勉強などのことである。資格奨励手当の支給や通信教育の紹介を行っている企業も多い

察を行い、長期的な人材育成の指針として、企業の業績向上のために役立てていく必要があります。

■ **新人研修の研修テーマ**

採用した新入社員に、1日でも早く会社の一員として活躍してもらうための手段には、新入社員研修が欠かせません。

新入社員研修は、入社時に数日間を費やして集合教育として行うのが一般的です。研修の行い方は、実務を通じて行うOJT方式と集合教育で行うOFF-JT方式があります。研修のテーマは、その会社独自のものもありますが、たいてい、社会人として必要最低限身につけなければならないことや、自分の会社・配属される部署についての知識などをテーマとすることが多いようです。また、会社に勤めるビジネスパーソンになる者として、就業規則、人事制度、福利厚生などの会社生活の基本となる事柄や、自社の経営理念、自社商品の概要、各部門の業務と役割など、自社についての基本知識を伝えることが具体的テーマとして挙げられます。

> **教育研修のテーマ**
>
> 教育研修のテーマには、社会人として身につけておくべきことを定める場合が多い。具体的には、学生と社会人の違い、働くことの目的、社会人としてのルール、などの社会人としての意識を高める具体的テーマが挙げられる。また、服装や身だしなみ、あいさつや敬語の使い方、名刺交換、電話への応対・接遇応対、などがビジネスマナーの具体的テーマとして挙げられることもある。

PART2 19 人事考課

人事の仕事の基本

客観的・具体的事実に基づいて行うことが重要

■ 評価・教育制度と人事考課

人事考課は、たとえば社員の昇進や配転のような、人事上の決定をする上で必要な情報を把握するために行われる評定のことです。人事上の決定事項の具体的な内容としては、以下のものが挙げられます。

① 昇進・昇格

どちらも社内の序列システムです。実際には、昇格が先行し、その資格を前提に役職を昇進させることが多いようです。

② 配置転換

人事考課で得られた社員の能力や状況など総合的な情報を活用し、適正な人材の配置を行うことです。

③ 昇給・賞与

職能資格制度では、資格等級に職能給の賃金表がリンクしています。昇格すれば自動的に昇給することになります。

④ 教育訓練

社員に効果的な教育を行うために、教育訓練のニーズを把握します。

■ 考課項目の具体的な内容と評価の仕方

人事考課を行う場合には、能力考課、業績考課、態度意欲考課の3つの内容に照らし合わせながら客観的に行うようにします。

① 能力考課

知識・技能、判断力、企画力、行動力、折衝力、指導力などを評価するもの

昇給と社会保険料

社会保険料の額は、通常は年に一度の見直しにより改定される。しかし、昇給が行われ、給与が著しく増加した場合は、随時改定として社会保険料の変更対象になる場合がある。

よい考課と悪い考課

よい考課
- 常に客観的な基準に照らして考課する
- 事実に基づいて考課する
- 部下同士を比較するのではなく絶対考課で行う
- 職務上の行動に対して考課する
- 結果のフィードバック時に具体的事例を挙げて説明する

悪い考課
- 自分の部下の評価を甘くする
- 自分の部下の評価を全体的に厳しくする
- ある特定の現象に幻惑されて周辺の状況を見誤る
- 被考課者が優れている項目と関連した項目に対しても優れていると評価する
- 考課者が自分自身を基準として評価する（自分と異なるタイプの者に対して過大評価や過小評価をする）
- 考課対象のすべての期間を平等に評価せず、直近の考課対象期間を過剰に評価する
- あらかじめ被考課者の最終的な総合評価を想定して評価する

② 業績考課

仕事の量・質・成果・難易度、達成度、人材育成といった内容を評価するもの

③ 態度意欲考課

責任性、協調性、積極性、規律性など、仕事に取り組む姿勢や意欲などを評価するもの

なお、考課項目は社員の階層や目的によって置かれるウエイトが異なります。人事考課は、通常では一次考課から始まり、数段階にわたり行われます。一次考課では、直属の上司が絶対評価で査定します。その次の二次考課では、部門長がそれを相対評価の観点から調整します。その後、人事部あるいは役員を含めた委員会などが評価結果を検証し、全労働者の処遇について、適切な配分がなされます。また、人事考課の結果は本人にきちんとフィードバックすることが重要です。

> **絶対評価と相対評価**
> あらかじめ定めた評価基準をもとに評価を行う方法を「絶対評価」、社員の査定順位をもとに評価を行う方法を「相対評価」という。

PART2 20 労務管理

人事の仕事の基本

ヒトの要素を担当する最も重要な経営活動である

■ 労務管理の重要性

　企業は、経営資源を合理的に組み合わせて利益を追求していく必要があります。経営資源とは、「資金（カネ）」「設備・情報（モノ）」「人材（ヒト）」です。経営活動の優劣は、これらの経営資源を確保した上で組織化し、効果的・継続的に活用できるかどうかで決まります。つまり、利益を上げるためには、効率よく活動する優秀な社員を集めたり、労働環境を維持管理する必要があります。こうしたことを行う労務管理は、事業活動と並んで企業の根幹になるといえるでしょう。

　労務管理は、組織全体としてどのように社員を管理運用するかという点を重視します。一方、労務管理と似たものに人事管理があります。人事管理は社員一人ひとりについての人材の配置や処遇を管理することです。ただ、実際には労務管理と人事管理は重なり合う部分が多くあります。

　労務管理は、社員の管理と運用を組織全体で行うものですが、実際に運用する際には、法改正などの時代の変化にも十分対応する必要があります。

　労務管理に関連している法律は数多くあります。労務管理を行う場合には、労働基準法をはじめとする法律を熟知し、適切に運用する必要があります。

■ 労務管理の具体的な仕事内容

　実際に労務担当者が行う業務は、おもに①社会保険関連の業務、②安全衛生・福利厚生に関する業務、③雇用・退職に関す

> **社会保険労務士**
> 社会保険労務士法に基づいて業務を行う国家資格者。いわゆるカネ・モノ・ヒトの「人材（ヒト）」を扱い、労務管理や人事管理を行うエキスパート。労務管理にまつわる法改正など、最新の法改正情報も熟知している。

労務管理の役割

労務管理の担い手

企業の経営担当者（法人の代表者・取締役など）
取締役会
（資本家から意思決定を委託された機関）
　↓ 委託
企業の経営担当者としての権限と責任

人事・労務スタッフ（労務管理の専門スタッフ）
企業の経営担当者
　↓ 委託
労務管理に関する業務

ラインの中間管理者（ラインの部長・課長など）
企業の経営担当者
　↓ 手足として経営活動に直接かかわる
部下の労務管理

労務管理の対象

全社員　トップマネジメント
　　　　　　↓
　　　　一般従業員

トップマネジメントに対する労務管理
取締役会
　↓ 選任・報酬決定
トップマネジメント

実質的な労務管理の対象
ラインの中間管理職
　　↓
　一般従業員

る業務、④社内規程に関する業務、の4つの分野に分けて考えることができます。

①の具体例としては、社会保険の適用事業所となるときの手続きや健康保険・労災保険の給付手続きなどがあります。②は職場環境の維持改善や安全対策、福利厚生の充実など、③は労使関係の管理、④は賃金体系の管理などが挙げられます。

なお、③の業務の一種である採用事務は人事部門が行うことが多く、また②の福利厚生に関しては総務部門が行うことも多いようです。このように、労務管理の業務は、人事・総務部門で重なりあうことも多いのが実情です。

経営担当者と労務管理担当者は、労務管理の通年スケジュールを把握する必要があります。そして、実際に労務管理を行う際には、部門ごとまたは社員ごとの階層別の方針・施策を策定し、実行・評価することが大切です。

> **トップマネジメント**
> その企業における組織を指揮や指導、管理を行う最高クラスの個人・グループ。具体的には、代表取締役や常務以上の幹部などの幹部をさす。

PART2　人事の仕事の基本

PART2 21 人事異動

人事の仕事の基本

社内異動と社外異動がある

■ 人事異動のメリットとは

　社員の昇進や配転といった人事上の決定をする上で必要な情報を把握するために行われる評定のことを人事考課といいます。会社は、人事考課で得られた社員の能力や状況など総合的な情報を活用し、適正な人材の配置を行わなければなりません。

　たとえば、ある部署の社員の能力が不足していて、教育訓練を実施しても結果が芳しくなかった場合に、その社員の能力に見合った部署に異動させることは人材を適材適所に配置するという意味でも非常に有効です。また、社会の状況が変化した結果、社内のある部署では余剰人員が出ており、また別の部署では人手不足となった場合に、余剰人員のいる部署から人手不足の部署に社員を異動させることも有効です。

　このように、人事異動には、人件費のムダを省き、むやみに社員を解雇せずにすむ、というメリットがあります。社員にとっても、解雇されることなく別の部署で働き続けることができるという点で、大きなメリットになります。

■ 人事異動の種類は4つある

　社員の職種や勤務地を変える人事異動は、効率的な人員配置をするために行われます。人事異動には大きく分けると、社内異動と労務の提供先が変わる社外異動があります。

　社内異動には、配置転換や転勤があります。配置転換とは、同じ使用者の下で、職種や職務内容が変更される人事異動のことをいいます。使用者が同じで勤務地が変わる転勤も配置転換

従業員の声を考慮した配置・異動

同じ環境で同じ仕事を長期間続けさせることは、マンネリ化という弊害をもたらすおそれがあるので、適切な異動や昇格で、新たなスキル、経験を積めるようにすることが有効である。

最近では、社長や上司命令のような一方的な異動ではなく、空きのあるポジションに応募を行う社内公募制や、空きありなしにかかわらず、希望するポジションを応募する社内FA制度なども導入されている。希望の職種に自ら名乗りを上げられるので、社員のモチベーションアップにつながる。

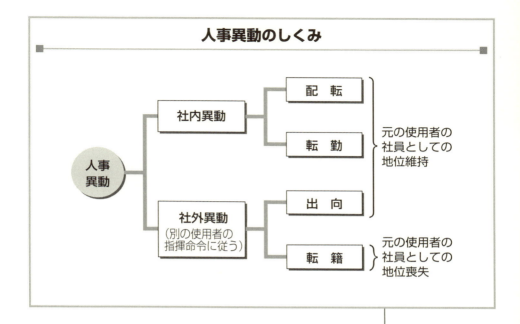

のひとつです。なお、転勤命令が権利の濫用にあたる場合には社員は転勤を拒否することもできます。

これに対して、社外異動には在籍出向や転籍があります。在籍出向とは、元の使用者の社員としての地位を維持したままで、異なる使用者の指揮命令に従うことになる人事異動のことで、単に出向と呼ぶこともあります。一方転籍とは、元の会社の社員としての契約が終了する人事異動のことです。この他、応援（所属事業場に在籍のまま、通常勤務する以外の事業場の業務を応援するために勤務すること）や派遣も広い意味でとらえると、人事異動であるといえるでしょう。

なお、人事異動をきっかけに昇進・昇格が行われることもあります。昇進・昇格はどちらも社内の序列システムで、重要なポストを条件に「栄転」として人事異動が行われる場合があります。昇進・昇格を伴う人事異動は、給料と通勤手当の両方に変更が生じる可能性があるため、注意が必要です。

役職制度と職能制度

日本企業では、役職制度と職能制度という、社内のランキングシステムが二本立てになっている。両者は、ある程度の対応関係があるのが一般的である。

昇進・昇格

PART2 22 人事の仕事の基本

指揮命令の序列と職務遂行能力の序列

■ 昇進と昇格の違い

昇進とは、役職制度において、部長、課長、係長など、組織上の上位の役職に進むことです。つまり、社会での自分のポジションが上がることを意味します。

一方、昇格とは、職能資格制度において、資格等級が上昇することです。つまり、社内での能力等級が上がることを意味します。なお、職能資格制度とは、全労働者を対象とした職務遂行能力の発揮度や伸長度に応じて格差を設けた賃金の序列のことです。

■ 人事権の行使としての昇進

昇進は、組織の指揮命令の序列を決めるものであり、企業経営を大きく左右します。また、与えられる供給ポストの数にも限りがあります。つまり、昇進決定は人事権の行使であり、使用者の一方的決定や裁量に委ねられています。

ただし、無制限に一方的な行使が許されるわけではなく、労働基準法、男女雇用機会均等法、労働組合法による一定の制約があります。たとえば、国籍・社会的身分・信条・性別による差別的取扱いにより、昇進に格差をつけることは許されていませんし、労働組合の正当な活動を不当に侵害するために昇進で差別するなどの行為は禁止されています。

ただし、昇進はあくまでも企業の人事権です。そのため、裁判で昇進をめぐる争いが生じた場合は、企業の判断が優先して尊重される場合が多いようです。

職能資格制度
従業員の職務遂行能力（職能）に応じて社内独自の格付け（職能資格等級という「資格」付け）を行い、その格付けを基準にして賃金などの基本的な人事処遇を決定するしくみのこと。ここでの資格という意味は、あくまでも企業独自の定義で決められた資格等級である。

男女雇用機会均等法
職場における採用・配置・昇進などの人事上、男女の差別を行うことを禁止する法律。正式名称は「雇用の分野における男女の均等な機会および待遇の確保等女子労働者の福祉の増進に関する法律」という。

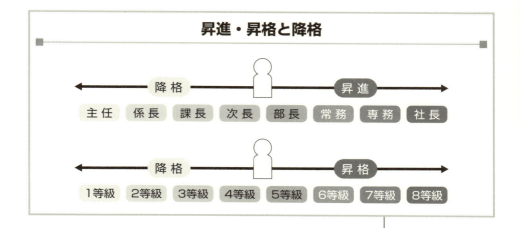

■ 降格について

降格には、「職制上の降格」と「職能資格制度上の降格」があります。

「職制上」とは、いわゆる役職です。役職の変動、つまり課長や部長になるといった、上位職に向かって変動するものを昇進というのに対し、下位職に向かう場合が「職制上の降格」となります。役職は、社員の能力、経験、実績、勤務態度、指導統制力、業務上の必要性などを考慮して役職が決定されます。したがって一度上位職に就いたとしても、その役職に見合う職務ができなければ、役職を失ったり下位職に降格させられる場合があります。これについては、人事考課の裁量権の範疇になりますので、濫用とされるような恣意的なものがなければ問題はありません。

職能資格の降格については、すでに認定した職務遂行能力を引き下げる結果になり、本来は想定がされていません。したがって、職務内容が従来のままで降格することは、単に賃金を下げることに他ならないため、労働者との合意によって行う以外は、就業規則などにおける明確な根拠と相当な理由が必要であるとされています。

配置転換と転勤

労働者やその家族の生活に重大な影響を与える

■ 配転命令権の行使と限界

　配置転換とは、使用者が労働者の職場を移したり、職務を変更することをいいます。一般的には「配転」と略称されます。配転のうち、勤務地の変更を伴うものをとくに「転勤」といいます。転勤は、生活の場の変更を余儀なくされるため、労働者やその家族にとって影響は少なくありません。なお、労働基準法による国籍・社会的身分・信条による差別、男女雇用機会均等法の性別による差別、労働組合法の不当労働行為などに違反する配転命令は認められません。つまり、使用者が労働者を差別的に取り扱ったり、労働組合の正当な活動を不当に侵害したりするために配転命令権を行使することは許されないということです。

　従来、配転命令権は、使用者の労務管理上の人事権の行使として、一方的決定や裁量に委ねられていると解釈されていました。たとえば、「会社は、業務上必要がある場合は、労働者の就業する場所または従事する業務の変更を命ずることがある」と就業規則に一般条項を定めている場合、使用者は一方的に配転命令権を行使できました。

　ただ、最近は配転命令権の行使が労働契約の範囲を超える場合があります。配転命令権を使用者側から労働契約の内容を変更する申し出をしたものととらえ、労働者の同意がない場合、配転は成立しないと考える立場が有力です。労働契約の内容の変更に該当するかどうかは、配転によって勤務地あるいは職種が変わったかで判断されます。

不当労働行為

団結権、団体交渉権、団体行動権を使用者が侵害する行為を「不当労働行為」という（労働組合法7条）。使用者が労働組合の団結権を侵害する行為であり、労働組合の正当な活動を不当に侵害する行為のこと。

一般条項

たいていの契約書や就業規則などに記載される条項のこと。

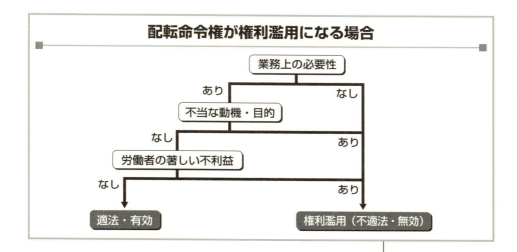

■ 勤務場所の限定

　社員と会社の間で勤務地を限定する旨の合意がある場合は別として、全普通の学卒者であれば、国的な転勤を予定して採用するのが一般的です。このような場合は、住居の変更を伴う配転命令であっても使用者は業務上必要な人事権として行使することができます。

　これに対して、現地採用者やパート社員などのように採用時に勤務地が限定されている場合は、本人の同意なしに一方的に出された配転命令は無効とされます。また、勤務地が労働契約で定まっていない場合の配転命令は、業務上の必要性や労働者の不利益を考慮した上で有効性が判断されます。

■ 職種の限定

　また、採用時の労働契約・労働協約および就業規則、または労働契約締結の過程で、「配転を行う際には同意が必要となる」というように「職種を限定」した場合は、原則として他の職種への配転時には労働者の承諾が必要になります。

　たとえば、医師、弁護士、公認会計士、看護師、ボイラー技

師などの特殊な技術・技能・資格をもつ者の場合は、採用時の労働契約で職種の限定を行うケースが多いようです。職種の限定を行った場合、労働者の合意を得ずに行う、一般事務などの他の職種への配転命令は無効です。

厳密な職種の概念の定義がない職場でも、職種の範囲を事務職系の範囲内に限定して採用した場合は、職種の全く異なる現場や営業職への配転は「労働者の同意が必要」と解釈することができます。実際の裁判例では、語学能力を要する社長秘書業務から警備業務への配転命令を無効としたケースがあります。

その一方で、不況時に整理解雇を防ぐ目的で新規事業を設立し、配転させる場合もあります。また、単に同一職種に長年の間従事しただけでは、職種限定の合意があったとは認められにくいといえます。

■ 配転命令を拒否した場合

使用者が配転命令を出す場合、労働契約の中で労働者が配転命令を受け入れることに合意していることが前提です。そのため、合意がなければ配転命令は無効です。就業規則の中で「労働者は配転命令に応じなければならない」と規定されていれば、配転命令に応じる内容の労働契約が存在すると一般に考えられています。

ただ、配転は労働者の生活に重大な影響を与えることがあるため、配転命令の受入れについて合意していても正当な理由があれば配転命令を拒否できるケースがあります。たとえば、老いた両親の介護を自分がしなければならないといった場合です。

労働者が配転や出向の命令に納得しない場合、最終的には裁判で争うということになります。その場合、判決が出るまでには通常長い期間がかかるため、比較的早く結論が出る仮処分判決が確定するまでの間、仮の地位や状態を定める旨の申立てが同時に行われるのが普通です。

整理解雇
経営不振による合理化など経営上の理由に伴う人員整理のことで、リストラともいう。

仮処分
将来の強制執行に備えるために金銭債権以外の債権を保全する民事保全の一種。
仮処分の一内容として、不当に解雇された従業員が、裁判の判決がでるまでの間は雇用されているものと扱われることにする「仮の地位を定める仮処分」がある。

転勤についての判例

転勤に伴う家庭生活上の不利益は原則として甘受すべき

● 全国に支店や支社、工場などがあり、毎年定期的に社員を転勤させるような会社の社員	→ 転勤を拒否する事は難しい
● 共稼ぎのため、転勤すると単身赴任をしなければならない	→ 権利の濫用がない限り社員は転勤を拒否できない
● 新婚間もない夫婦が月平均2回程度しか会えない	→ 会社側の事情を考慮しても転勤は無効
● 老父母や病人など介護が必要な家族を抱えているケース	→ いっしょに転居する事が困難な家庭で他に介護など面倒をみる人がいないような事情があれば社員は転勤命令を拒否できる

なお、労働者は、業務命令に違反したという理由で懲戒解雇されることを防ぐため、仮処分が認められるまでとりあえず命じられた業務につくという方法をとることができます。

■ 労働者とトラブルが生じた場合

必要な時に、必要な部署に、自由に労働者を配転できるのが経営合理化のために望ましいといえます。ただ、当初の労働契約で労働者の勤務場所や職種を限定しているにもかかわらず、使用者が一方的に配転命令を下すことはできません。

配転命令をめぐり、労働者とトラブルが生じた場合には、各都道府県にある労働委員会や労働基準監督署などに相談するのがよいでしょう。労働者の場合には労働組合に相談するのも一つの方法です。嫌がらせがあった場合には不当労働行為になるため、労働者は都道府県の労働委員会や中央労働委員会に対して、救済を申し立てることもできます。

懲戒解雇

就業規則上の懲戒処分として行われる解雇のこと。通常、解雇予告手当は支給されない（労働基準法20条1項但書）。他の解雇と比べて、本人に大きな不利益を与える処分である。そのため、判例は、懲戒解雇をすることを簡単には認められないとしている。

出向

在籍出向と転籍がある

■ 在籍出向と転籍がある

　出向には「在籍出向」と「転籍」という、2種類のタイプがあります。在籍出向とは、労働者が雇用先企業に身分（籍）を残したまま、一定期間を他の企業で勤務する形態をいいます。一般的によく見られる形態で、単に「出向」といった場合は、在籍出向をさすことが多いようです。出向期間が終了した後は、出向者は出向元へ戻ることになります。一方、転籍とは、雇用先企業から他の企業に完全に籍を移して勤務する形態をいい、移籍出向とも呼ばれます。転籍の場合は対象労働者の同意が必要で、同意が得られた場合のみ、対象労働者と雇用先企業との労働契約は解除され、転籍先の企業と新たに契約を交わします。

■ 在籍出向命令の有効性

　労働者にとっては、労働契約を締結しているのは雇用元、つまり出向元の企業ですので、労働契約の相手方ではない別の企業の指揮命令下で労働することは、労働契約の重要な要素の変更ということになります。そのため、本来は出向命令を下すためには労働者の同意が必要とされています。

　ただ、就業規則、労働協約に在籍出向についての具体的な規定（出向義務、出向先の範囲、出向中の労働条件、出向期間など）があり、それが労働者にあらかじめ周知されている場合は、包括的な同意があったものとされます。

　たとえば、就業規則に「労働者は、正当な理由なしに転勤、出向または職場の変更を拒んではならない」などの条項がある

新日本製鐵事件
最高裁平成15年4月18日。就業規則と労働協約に在籍出向についての定めがある場合は、個別的な同意のない出向命令でも有効であるとした例。

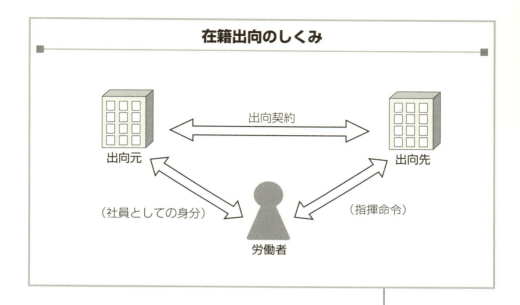

在籍出向のしくみ

出向契約
出向元 — 出向先
（社員としての身分） （指揮命令）
労働者

場合、これが出向命令の根拠規定となり、労働者に周知されていれば包括的な同意があったことになります。そのため、企業は出向について、労働者の個々の同意を得ることは必要ありません。ただし、実際の判例は、出向規程の整備、出向の必要性、労働条件の比較、職場慣行などを総合的に考慮して包括的な同意があったかどうかについて判断しています。

■ 人事権の濫用に該当しないか

在籍出向について、労働者の包括的な同意があったとしても、無制限に出向命令が有効となるわけではありません。出向の命令が、その必要性や対象労働者の選定についての事情から判断して、権利を濫用したものと認められる場合には、その出向命令は無効となります（労働契約法14条）。結局、有効な出向命令として認められるためには、労働者の同意の存在と具体的出向命令が人事権の濫用にあたるような不当なものではないことが必要だといえます。

権利の濫用
形式的に見ればその権利を行使することができても、本来その権利を行使すべき目的から外れている場合などを意味している。

JR東海出向事件
大阪地裁昭和62年11月30日。職種・勤務形態の変更を伴う出向命令が、人選手続きの妥当性を欠くために人事権の濫用とされた例。

転籍

雇用先企業から他の企業に籍を移して勤務するもの

■ 転籍とはどのようなものか

　転籍は、雇用先企業から他の企業に身分（籍）を移して勤務するもので移籍出向ともいわれます。

　タイプとしては、現在の労働契約を解約して新たな労働契約を締結するものと、労働契約上の使用者の地位を第三者に譲渡するもの（債権債務の包括的譲渡）があります。最近では、企業組織再編が頻繁に行われているため、地位の譲渡による転籍も少なくありません。

　長期出張、社外勤務、移籍、応援派遣、休職派遣、など、社内的には固有の名称を使用している場合も、転籍とは、従来の雇用先企業との労働関係を終了させるものであり、この点が在籍出向と大きく異なります。

　転籍では、労働契約の当事者は労働者本人と転籍先企業になります。したがって、労働時間・休日・休暇・賃金などの労働条件は転籍先で新たに決定されることになります。

■ 転籍条項の有効性

　こうしたことから、転籍を行うにあたっては労働者の個別的な同意が必要と考えられています。就業規則や労働協約の転籍条項を根拠に包括的な同意があるとすることは認められていません。そのため、労働者が転籍命令を拒否した場合でも懲戒処分を行うことはできません。

　ただし、転籍条項について、①労働者が具体的に熟知していること、②転籍によって労働条件が不利益にならないこと、③

会社分割

株式会社または合同会社の事業に関して有する権利義務の全部または一部を、新たに設立する会社または既存の会社に承継させること。企業の組織を再編成する手段のひとつ。

出向と転籍の違い

	出向（在籍出向）	転籍（移籍出向）
労働者の身分	雇用先企業に残る（雇用先との労働契約が継続する）	他の企業に移る（新たに他の企業と労働契約を結ぶ）
期間経過後の労働者の復帰	通常は出向元に戻る	出向元に戻ることは保障されていない
労働者の同意	必要	必要
同意の程度	緩やか（個別的な同意は不要）	厳格（個別的な同意が必要）

転籍の法律関係

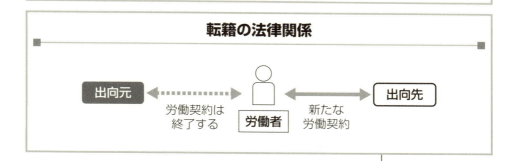

実質的には企業の他部門への配転と同様の事情があること、のすべての要件を満たせば、個別的同意がなくても転籍命令を有効とする判例も見られますが、これは極めて異例です。

なお、会社分割が行われて事業が別の会社に承継された場合、労働契約承継法により、原則としてその事業に従事していた労働者は事業を承継した会社で引き続き雇用されることになります。しかし、その事業に従事していなかった労働者は、会社分割を理由として事業を承継した会社への配置転換（転籍など）を命じられたとしても、会社に対して申し出れば、元の会社に残ることができます。

> **労働契約承継法**
> 「会社分割に伴う労働契約の承継等に関する法律」の略称。会社分割がなされる際には、新会社に労働契約が引き継がれることなどが定められている。会社分割に伴い労働者が解雇されないように、労働者の保護の観点から労働契約承継法が制定された。

パートタイマーの雇用管理

PART2 26

人事の仕事の基本

契約期間のルールを熟知し、適切な雇用管理を行う

■ 契約期間にはルールがある

労働基準法では、有期労働契約の期間として原則3年、厚生労働省が認める高度な専門技術を持つ者や満60歳以上の労働者は5年という上限が定められています。

また、契約した期間は雇用関係が成立するため、原則として契約期間中は退職できません。しかし、期間の初日から1年を経過すれば、労働者は申し出によりいつでも退職が可能な、任意退職という暫定ルールが設けられています。ただし、この任意退職は契約期間の上限が5年である専門技術を持つ者や満60歳以上の者には適用外です。また、完了までに一定の期間が必要な場合は、定めを超えた労働契約を交わすことができます。

■ 103万円、130万円といった壁と雇用管理

とくに主婦のパートタイマーには、働ける環境にある中あえて労働時間を制限している人がいます。これは、生計を維持する夫の扶養から外れることのないよう、収入を制限しているためです。この収入制限がいわゆる103万円、130万円といった「壁」です。1年間の収入が103万円以下であれば、税法上の扶養対象となります。また、年間収入が130万円未満（平成28年10月以降は106万円未満）であれば、社会保険上の扶養対象となります。

収入制限を行うパートタイマーの中には、帳尻合わせのために月末や年末などに突然休みを取る人もいます。このようなケースが多く続くと、他の従業員にしわ寄せが来てしまいます。

103万円の壁

基礎控除額38万円に給与所得控除額65万円を加えた額が103万円であることが由来。扶養される者の年収が103万円以下の場合、扶養する者が自身の所得から38万円分の「配偶者控除」を受けることができる。

パートタイマーと労働保険・社会保険の適用

保険の種類		加入するための要件
労働保険	労災保険	なし（無条件で加入できる）
	雇用保険	31日以上引き続いて雇用される見込みがあり、かつ、1週間の労働時間が20時間以上であること
社会保険	健康保険	パートタイマーの1日または1週間の労働時間と1か月の労働日数が、正社員のおおむね4分の3以上であることをひとつの目安とした上で、就労形態・職務内容といったその他の事情を総合的に検討して判断する
	厚生年金保険	

　また、忙しい時期に休まれてしまうと新たにパートタイマーを雇ったり、他のパートタイマーの負担を増やさなければならなかったりといった問題も生じてきます。さらに、健康保険組合によっては月収も被扶養者の認定基準とするところもあり、年末の収入調整だけでは被扶養者と認められない場合もあります。

　このような事情から、週の所定労働時間、労働日などを雇用契約書であらかじめ定めることが必要になります。とくに社会保険の場合は、単に年間130万円未満であっても、雇用条件によっては加入が必要な場合があります。社会保険の加入対象であるパートタイマーを加入させない場合、使用者に罰則が課される可能性もあるので、適切な雇用管理が非常に重要です。

■ パート契約から無期労働契約へ転換するケースもある

　雇止めの不安を抱えながら労働を行う有期労働契約者を守るため、平成24年8月に「労働契約法の一部を改正する法律」が公布されました。同じ使用者と交わした労働契約の通算期間が5年を超えれば、労働者は労働契約を無期契約に転換するように申し込むことができます。使用者側には、この申込みを拒否する権利はありません。また、無期契約転換時の労働条件は、原則として有期の労働契約時と同内容になります。

> **パートタイマーの社会保険加入要件を緩和**
> 平成28年10月より、パートタイマーの社会保険加入要件が緩和される。本文中の年収要件に加え、①週の勤務時間が20時間以上、②月収が88,000円以上、③1年以上の継続勤務、④職場の社員数が501名以上、のすべてに該当すれば加入が可能である。

高年齢者雇用安定法と高齢者の雇用

PART2 27
人事の仕事の基本

高年齢者の雇用を確保することが定められている

■ 高齢者の雇用管理が企業にとって重要である

　高年齢者雇用安定法の改正により、各企業には65歳までの労働者の雇用確保が義務づけられます。そのため、各企業は高年齢者を雇用する環境を整えることが必要です。たとえば、高年齢者の雇用に伴う人件費等のコストを削減策として、次のような手段を講じることも有効です。

・高年齢者の賃金額は企業に貢献している程度に応じて変動
・高年齢者の勤務期間は退職金算定の基礎期間から除外
・国の給付金を効果的に活用

　また、高年齢者の企業に対する貢献度を高めるために適した職務や雇用形態、労働条件を設定するといった方策も必要です。適した職務は、高年齢者の持つ経験に伴う技術のノウハウや指導や育成能力の高さ、責任感などを考慮した上で決定します。雇用形態や労働条件についても、加齢による職業能力の低下度合いや体力の状況を見ながら決定することが必要です。

■ 高年齢者雇用安定法ではどんな義務が課されているのか

　高年齢者雇用安定法は、高齢者の雇用の安定や再就職の促進などを目的とした法律です。少子高齢化による超高齢社会を前にして、定年後の高年齢者も、その後に何らかの職業に就かなければ生活できない状況になってきました。そのため、平成18年4月に改正高年齢者雇用安定法（高年齢者等の雇用の安定等に関する法律）が施行されました。改正内容はおもに次のような内容です。

国の給付金

高齢者を就労させることで受けることのできる助成金に「高齢者雇用安定助成金」がある。高齢者の就労環境を整えるための計画を立て、実施を行った場合に支給が行われる。

会社がとるべき雇用確保措置

◎高年齢者雇用安定法の改正により、各事業所は下記の①〜③のいずれかの措置をとらなければならない

①	定年年齢を「65歳」まで段階的に引き上げる	65歳を下記のとおり読み替えて段階的に施行される〈法定の「段階的引上げ」〉 ・平成18年4月1日〜平成19年3月31日：62歳 ・平成19年4月1日〜平成22年3月31日：63歳 ・平成22年4月1日〜平成25年3月31日：64歳 ・平成25年4月1日〜：65歳
②	定年を60歳等とし、継続雇用制度を「65歳」まで段階的に引き上げる	「継続雇用制度」とは、現に雇用している高年齢者が希望するときは、当該高年齢者をその定年後も引き続き雇用する制度」をさす
③	定年制度を設けない	

※②の継続雇用制度については、労使協定により制度の対象となる高年齢者についての（選定）基準を定めることができたが、平成25年4月からはこのしくみは廃止されている。また、継続雇用制度はパートタイマーや嘱託社員でも採用できる。

・定年に関する制限（60歳以下の定年年齢の定めは禁止）
・高年齢者の雇用確保措置（65歳未満の定年年齢を定めている場合、①定年年齢の引上げ、②継続雇用制度の導入、③定年の廃止、のいずれかを講じる必要あり）
・高年齢者雇用推進者の選任（高年齢者の雇用措置推進を行う推進者の選任に務める必要あり）

■ 継続雇用制度には再雇用制度と勤務延長制度の2つがある

　継続雇用制度とは、労働者の希望に応じて定年後も雇用を続ける制度のことで、労使協定を締結することで実施できます。
　継続雇用制度には、「再雇用制度」と「勤務延長制度」の2種類の方法があります。再雇用制度とは、定年になった労働者をいったん退職させ、その後再雇用する制度です。雇用形態は、正社員やパートタイマー、嘱託社員など問いません。通常は、再雇用時の契約期間を1年間とし、1年ごとに労働契約を更新

嘱託社員
業務を依頼された者の呼称で、①労働法が適用されない医師や弁護士などの専門家、②定年退職後、再雇用された高齢者、の意味を持つ。①の専門家としての嘱託社員に業務を依頼する場合は労働契約ではなく請負扱いとなるため、一般的に会社が契約する嘱託社員は②の高齢者をさす場合が多い。

します。勤務延長制度とは、定年になった労働者を退職させず、引き続き雇用する制度です。雇用契約は消滅せず、継続して引き継がれます。

■ 継続雇用制度には経過措置が認められている

平成18年の法改正により、定年年齢を65歳未満に設定している企業には雇用確保措置の実施が義務づけられました。しかし、当初は労使協定で対象高年齢者の基準を定め、一部の者のみの継続雇用が認められていました。希望するすべての労働者が継続雇用されるとは限らないという状況を改善するため、高年齢者雇用安定法が改正され、平成25年4月以降は原則として「希望するすべての労働者」が継続雇用の対象になりました。

ただし、経過措置として、平成25年3月31日までに労使協定を締結している場合は、対象となる高年齢者の年金受給開始年齢以降の期間に限り、その労使協定で定められた基準に沿って継続雇用の対象から外す措置をとることが認められています。

たとえば、平成25年4月から28年3月の間に60歳で定年を迎える者の年金の受給開始年齢は61歳です。そのため、年金受給開始までに収入の空白期間を設けないよう、61歳までの間は継続雇用措置が必要です。しかし、61歳から65歳までの間は、経過措置としての基準が適用され、継続雇用の対象から外すことが可能です。

■ 継続雇用制度を導入するときの注意点

60歳となった労働者を再雇用する形で働かせ続ける再雇用制度では、導入における形式の定めはありません。労働者と企業とが定年後に雇用契約を締結するというシステムを導入することが、再雇用制度導入の手続きになります。たとえば、就業規則に再雇用制度の内容を盛り込む場合は、労働基準監督署長に就業規則の変更を届け出る必要があります。他には、労働協約

経過措置
一定の期間の猶予など、法律の変更に対応するために設けられる措置のこと。

経過措置の終了時期
この措置は年金の受給開始年齢が65歳に統一されるまでの経過措置であるため、受給開始年齢が65歳になる平成37年3月で終了する。

経過措置のスケジュール

	年金の支給開始年齢	経過措置の適用が認められない労働者の範囲
平成25年4月1日から平成28年3月31日	61歳以降	60歳から61歳未満
平成28年4月1日から平成31年3月31日	62歳以降	60歳から62歳未満
平成31年4月1日から平成34年3月31日	63歳以降	60歳から63歳未満
平成34年4月1日から平成37年3月31日	64歳以降	60歳から64歳未満
平成37年4月1日以降	65歳以降	60歳から65歳未満

※ 年金の支給開始年齢欄の年齢は男性が受給する場合の年齢を記載

を用いて再雇用制度を導入することも可能です。

また、60歳となっても引き続き勤務してもらう勤務延長制度では、導入における形式の定めはありません。労働者と企業との間の労働契約を延長するというシステムを導入することが、勤務延長制度導入の手続きになります。再雇用制度と同じく、就業規則に勤務延長制度の内容を盛り込むことができ、労働協約を用いて勤務延長制度を導入することも可能です。高年齢者それぞれと交わす労働契約で定めを行う場合は、勤務期間を延長することを契約の内容とします。

なお、継続雇用とは、定年となった翌日から雇用しなければならないということではありません。事務手続上の理由がある場合には、労働者が定年となった後にしばらく雇用していない期間が生じた場合でも、それが違法となるわけではありません。たとえば、身辺整理や健康診断のための期間を設けるため、定年後2週間経過した日に再雇用する制度を定めることも認められます。ただし、合理的な理由なく会社の一方的な都合のみで、長期間雇用の空白期間を生じさせることは許されません。

障害者の雇用管理

職業訓練や助成金など、公的支援を利用する

■ 社員数の2.0％以上の障害者を雇用する

　健常者と障害者を持つ人とが同じように生活できる社会を作ることは、現代社会の大切な課題です。障害のある人が適性を活かせる職業につき力を発揮することは、社会の発展のために必要なことだといえます。

　そのため、民間企業には、社員数の2.0％以上の障害者を雇用することが義務づけられています。つまり、社員数50人以上の会社では、必ず1人以上の障害者を雇い入れなければなりません。

　常用労働者が101人以上の会社で法定雇用率を達成していない場合は、不足している障害者1人につき月額5万円の障害者雇用納付金を納めなければなりません。なお、一週間に20時間以上30時間未満働く短時間労働者も納付金の対象になります。この短時間労働者については、1人あたり0.5カウントで計算を行います。

　逆に、必要な人数以上に障害者を雇用している事業主には調整金が支給されます。201人以上雇用している会社で障害者雇用率を超えた人数の雇用を行っている場合、雇用率を超えた障害者数に応じて、1人あたり月額2万7000円の調整金が支給されます。

　また、200人以下の会社も障害者雇用納付金制度の対象です。各々の月で雇用された障害者数の年間合計が一定の数字を超えている場合は、その超えた人数に応じて月額2万1000円の報奨金が支給されます。

障害者雇用納付金制度の改正

従前は、制度の対象が労働者201人以上の会社に限定されていたが、中小企業での障害者雇用率を上げるため、平成27年4月より、101人以上の会社も対象になった。

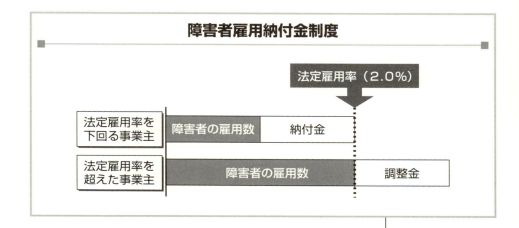

■ 障害の状況に合った配慮が必要

　会社には、毎年、障害者の雇用状況をハローワークに報告する義務があります。一方、障害者を解雇する場合は、ハローワークに届出を出す必要があります。しかし、その他の待遇はほぼ一般社員と変わりません。業務上の負傷や疾病による休業期間や、その後30日間の解雇制限以外の制限は設けられていません。障害者を雇用する上で事業主がとくに意識すべきなのは災害時（火事や地震など）の対策です。障害のある社員が逃げ遅れることのないように誘導措置を行うことが必要です。日頃から緊急時の対応について社内規程を整備し、緊急時のマニュアルを社内に周知させておくとよいでしょう。

　ただ、事業主としては、障害者雇用が業務全体に影響を及ぼさないか不安になることもあります。そこで、ハローワークでは障害者雇用促進対策として、障害者試行雇用（トライアル雇用）、職場適応援助者（ジョブコーチ）による支援、職場適応訓練といったさまざまな支援が行われています。また、金銭的な負担軽減のための各種助成金も支給されます。障害者雇用を検討している事業主は、ハローワークで用意されている制度を事前に調べておくことが大切です。

> **障害者雇入における各種助成制度**
>
> 障害者を雇い入れた場合の助成金制度には、特定求職者雇用開発助成金（特定就職困難者雇用開発助成金）、障害者トライアル雇用奨励金、中小企業障害者多数雇用施設設置等助成金、障害者職場復帰支援助成金、中小企業障害者多数雇用施設設置等助成金、などがある。

アウトソーシングと活用業務

PART2
29

人事の仕事の基本

外部の資源を自社の業務に活用する

■ アウトソーシングとは

ある企業で行っている業務の一部を、専門性の高い別の企業に担ってもらうことをアウトソーシングといいます。自社で開発・保守を行うよりも、外部企業に委託する場合が多いケースには、システムやネットワークなどの進歩の早い分野の業務などがあります。また、税務や会計、法務などの社内の人員だけで対応することは難しい専門的な内容についても、多く用いられています。

■ アウトソーシングにはさまざまな契約形態がある

今や、コスト削減や業務の効率化を実践する手段として「アウトソーシングする」という言葉が普通に使われるようになりました。ただ、業務をどのような方法で外部の業者に行ってもらうかによって、契約の形態はそれぞれ異なります。

自社の業務を他の業者に行ってもらう場合、①業務を行う人を受け入れる方法、②業務そのものを外部に出す方法、の2通りの方法が考えられます。

①の方法を実現するための典型的な手段には、派遣社員や出向社員を受け入れるという形態があります。この場合、派遣会社や別の企業と派遣契約や出向契約を締結することになります。

しかし、一般的に「アウトソーシング」という言葉から連想されるのは、②の方法でしょう。この場合、仕事の完成を目的として締結する請負契約または何らかの法律行為を行うことを約する委任契約を締結し、業務を遂行することになります。

アウトソーシングに適した業務

アウトソーシングに適しているかを判断する基準としては、次のようなものがある。
・会社の根幹となるような情報や技術を含む業務か
・専門性の高い業務か
・コスト削減などの効果が見込まれる業務か
・技術革新や変化が多い業務か

法律的に見た分類

他人の労務を利用する契約にはさまざまな形態がある。
その契約形態、とくに、注文者と作業従事者とのかかわり方、仕事のさせ方により、「請負」「業務委託」「派遣」「在籍出向」に分類される。

アウトソーシングのメリット

アウトソーシング … 業務の一部を外部に委託してコストの削減を図る経営の合理化戦略のひとつ

業務の効率化 ＋ コストダウン ＋ 質の向上 ⇒ 経営の合理化

その他にも：業務の迅速化、専門性の向上、本業への集中、固定費の変動費化、事業の再構築（リストラクチャリング）などのメリットがある

■ アウトソーシングが適している業務とは

　アウトソーシングのメリットとしては、①人件費など費用削減の効果が得られること、②その業務内容を専門に行う業者に委託することによって効率的に業務を行うことができること、③社員が本来行うべき基幹業務に専念できること、などが挙げられます。近年はアウトソーシングを請け負う企業が増加しており、そのサービス内容も多岐にわたります。場合によっては、企業内で行っている業務のほとんどすべてをアウトソーシング化することもできるかもしれません。しかし一方で、①社内情報が漏えいする危険が高くなる、②その業務に精通する社員が減少する、③アウトソーサーを管理する者が新たに必要になる、などといったデメリットもあることに注意が必要です。

■ アウトソーシングを導入するねらいは何か

　アウトソーシングを導入する狙いは、おもに①人材や設備の不足分を補う、②繁閑の差が激しい業務について、忙しい時に増員をかけるなどの方法で調整し、経費を削減する、という２つの狙いに大別することができるでしょう。

企業の力の底上げ

アウトソーシングのメリットは、何と言っても、「利用する人材なりサービスなりを自社で保有し続ける必要がない」という点にある。
必要なときに必要な分だけ専門業者や専門家に委託するアウトソーシングを上手に活用できれば、社内の限られた人材を、自社の社員でなければ行うことのできないコア業務（会社の中核・本業として行われている業務のこと）に注ぐことができるようになる。

PART2 30
人事の仕事の基本

労働者派遣法

法改正により大きく変わる派遣期間のルールに注目

■「派遣」とはどんな働き方なのか

　労働者派遣とは、派遣会社（派遣元）と雇用契約を結ぶ派遣労働者が、別の会社（派遣先）で業務の指示を受けながら働く雇用形態をいいます。通常の雇用形態とは異なり、労働者が雇用契約を結ぶ会社と、実際の指示の下、業務を行う会社が分かれていることが大きな特徴です。平成27年9月の労働者派遣法改正により、以前は届出で済んだ特定労働者派遣事業が廃止され、すべての派遣事業が許可制になりました。今後は、派遣事業の適正な運営がより厳しく求められることになります。

　また、派遣期間の上限がすべての業務で統一され、以前は期間制限の対象外とされた専門26業務にも制限が設けられました。これにより、派遣労働者の同部署での継続勤務期限、同事業所での継続勤務期限がともに3年に統一されました。

　その他、賃金水準や教育訓練、福利厚生など、派遣労働者の正社員との待遇格差を改善するため、派遣会社・派遣先ともに連携した配慮をすることが義務づけられています。

　なお、派遣労働者には、正規労働者と同じ条件下で業務に従事できるよう、さまざまな法律が適用されます。たとえば、国内で働くすべての労働者に適用される労働基準法に加え、派遣ならではのルールを定めた労働者派遣法（労働者派遣事業の適正な運営の確保および派遣労働者の就業条件の整備等に関する法律）、最低賃金法、育児・介護休業法、男女雇用機会均等法などです。

派遣労働者に適用される法律

労災法（労働者災害補償保険法）、雇用保険法、労働安全衛生法、個別労働関係紛争の解決の促進に関する法律、健康保険法、厚生年金保険法、国民年金法、介護保険法なども適用される。

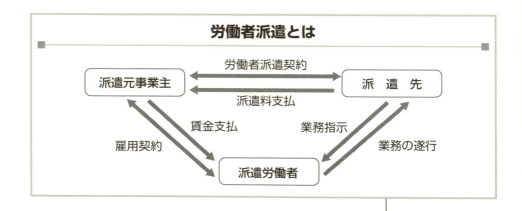

■ 派遣期間のルールが大きく変わった

　平成27年の法改正により、すべての派遣労働者が1箇所の派遣先で就労する期間が、原則として3年までに統一されました。今後は、3年を超えて同部署で同様の業務を行うことが不可能になります。さらに、派遣先が派遣労働者に3年以上の継続勤務を求める場合は、直接の雇用に切り替えるなどの措置が必要になりました。

　その他、いわゆる「専門26業務」が廃止され、すべての業務で派遣期間が統一されました。改正前は、業務によって異なる派遣期間が定められており、専門技術・能力が必要とされる専門26業務は、派遣期間に関する制限がなく、それ以外の業務では原則1年、派遣先の労働組合や労働者代表の意見を求めた上で最長3年までの更新が認められていました。しかし、専門26業務の基準があいまいで判断が難しかったため、一律に派遣期間を統一し、派遣労働者にとって、就労期間が明確な制度に改正されました。

■ 個人単位の期間制限と事業所単位での期間制限

　法改正では、新たに「個人単位」と「事業所単位」での派遣期間を制限する制度が新設されました。

> **専門26業務**
> 業務を迅速・適切に行なうために身につけた専門知識や技術などが必要な業務、または通常の雇用形態で就労させることが適切ではなく、特別の雇用管理が必要とする26種類の業務。

個人単位での期間制限とは、同じ組織（部や課など）で、派遣労働者を継続して3年を超えた就労を禁じる制度です。

　派遣先が派遣労働者の働きぶりを評価し、継続勤務を希望する場合は、3年目以降は派遣元を通さず直接の雇用に切り替えるなどの措置が必要です。

　一方、事業所単位での期間制限とは、派遣先の同じ事業所（場所が同じなど）で、派遣労働者を継続して3年を超えた就労を禁じる制度です。同じ事業所での継続勤務を希望する場合は、リミットである3年を迎える前（1か月前）までに過半数の労働組合から意見を聞くことが必要です。継続して受け入れることが了承されれば、期間の延長が認められます。

　ただし、個人単位・事業所単位での期間制限制度は、ともに有期雇用の派遣労働者を対象とするものです。無期雇用の派遣労働者は期間制限制度の対象外になります。また、①事業開始や廃止などに伴う有期業務、②1か月に10日以下の日数限定業務、③育児・介護休業社員の代替要員、などのケースは、もともと期間制限制度の対象から外れています。それに加え、今回の法改正では新たに「派遣労働者が、新たな雇用を確保することが難しい場合」が対象外として認められます。

> **1か月に10日以下の日数限定業務とは**
> 月末・月初のみのケースや、土日のみのケースなど、毎月の就労日が限定されており、通常の社員に定められた所定労働日数より相当数少ない業務をいう。

■ 派遣法改正が派遣先企業にどんな影響を与えるのか

　派遣労働者を受け入れる派遣先企業は、法改正が行われたことで下記の点に留意する必要があります。

　まず、派遣受入期間の制限についてです。改正により、受入期間に制限がなかった「専門26業務」という区分が廃止されました。これにより、業務内容に応じた受入期間の制限の区分がなくなりました。これまで期間制限がなかった専門業務の場合でも、3年を超えて受け入れることができなくなります。一方、原則1年の期間制限があった自由化業務の場合は、期間延長の手続きを取ることなく一律に3年の制限となります。

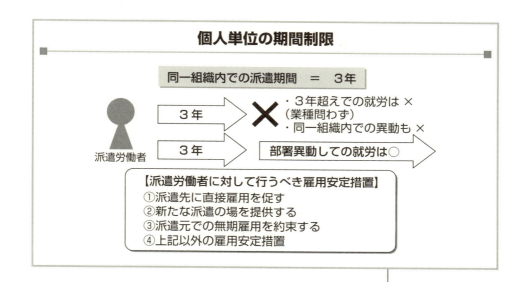

　さらに、今後は業務内容ではなく、派遣会社との雇用契約が無期雇用か有期雇用かが重要になります。無期雇用の派遣労働者の受入期間には制限がありません。一方、有期雇用の派遣労働者の受入期間は、従来の制限とは別に、派遣労働者ごと（個人単位）で受入期間が設定されます。具体的に言うと、同一組織単位（「部」や「課」など）において、3年を超えて同一の派遣労働者を継続して受け入れることはできません。

　しかし、言い換えれば、派遣先企業は3年ごとに人を交代すれば、同一の職場に派遣労働者を継続して受け入れることが可能になります。また、従来の制限に対しても、過半数労働組合等に聴取した場合は受入期間を延長できるため、誠実な対応を取りさえすれば事実上は期間制限なく派遣労働者の受入れが可能です。

　このように一定の手続きを踏むことで、派遣労働者の受入期間の制限を実質的な廃除が可能です。なお、受入期間の制限は、無期雇用されている派遣労働者や60歳以上の高齢者については適用されません。

無期雇用の派遣労働者とは

派遣元と無期契約を交わしている派遣労働者のこと。派遣期間外の期間も派遣元の従業員扱いとなるため、雇用が安定していると判断され、受入期間の制限対象から外れている。

PART2 31 人事の仕事の基本

派遣労働者の管理

就業条件明示書の範囲内で指揮命令を行う

■ 派遣先企業はどんな点に注意して派遣労働者を管理するのか

　派遣先企業が派遣労働者に行わせる就労は、派遣元の就業規則に加え、「就業条件明示書」に示された範囲内で行わせます。就業条件明示書は、派遣元と派遣先企業との間で締結した労働者派遣契約をもとに、派遣先企業での具体的な就業条件を定めた書面です。派遣先企業は、就業条件明示書に記載されていない、または異なる業務の指示をすることはできません。なお、派遣先企業が就業条件を変更したい場合は、その都度、派遣元に労働者派遣契約の変更を申し入れ、派遣元は派遣労働者の合意を得る必要があります。

　また、派遣先企業には、派遣労働者が円滑に業務を遂行できるよう、セクハラ・パワハラの防止などに努める義務があります。この他、派遣先企業の社員が利用する食堂や医療室などの施設を利用できるよう取り計い、派遣会社から要請があった場合には、派遣労働者と同種業務を行う社員の賃金水準や福利厚生等に関する情報を提供するよう努めなければなりません。

　さらに、派遣先企業は派遣労働者の就業に伴う安全管理および衛生管理についての責任も負います。そのため、安全衛生管理体制の整備や、派遣労働者の健康を確保するための措置、安全衛生教育の実施等を行わなければなりません。

　また、派遣労働者より派遣業務における苦情の申し出があった場合に備え、派遣先企業は苦情の申し出を受ける者の氏名や処理方法を明らかにし、詳細を記載した派遣先台帳をもとに派遣元と連携して解決にあたります。

福利厚生施設利用の取り計い

食堂などが小規模で、派遣労働者の利用が困難な場合は、利用時間帯をずらすなどの配慮に努める。しかし、あくまでも努力義務のため、食堂の規模を拡大するなどの大がかりな対策をする必要まではない。

不利益な取扱いの禁止

苦情の申し出を理由に派遣労働者に対し不利益な取扱いをしてはならない。

「労働契約申込みみなし制度」の内容

違法行為に該当した場合
- 派遣労働者を派遣禁止業務に従事
- 許可や届出なく派遣労働者の派遣を受けた
- 派遣期間の上限を超えた労働者派遣を受けた
- 労働者派遣以外の名目で、偽装契約を締結

派遣先

労働契約申込み →

派遣労働者

派遣先が、派遣労働者に対して「直接雇用契約をした」とみなされ、派遣労働者が承諾をすれば労働契約が成立します。

　その他、派遣先企業は、派遣労働者が労働保険・社会保険へ適切に加入しているかを確認しなければなりません。適切な加入が行われていない場合、派遣元へ加入を要請、または保険加入済みの派遣労働者との交代を求める必要があります。

■「労働契約申込みみなし制度」とは

　「労働契約申込みみなし制度」（みなし雇用制度）とは、派遣先企業が受入期間の制限に違反した場合は、派遣先企業がその派遣労働者に対して「直接雇用の申込みをした」とみなす制度です。派遣元は、派遣労働者に対して就業条件とあわせて制度の概要を明示する必要があります。受入期間の制限違反とは、同一組織内に3年を超えて同一の派遣労働者を受け入れた場合や、過半数労働組合等に聴取せずに受入期間を延長して派遣労働者を受け入れた場合です。また、派遣禁止業務に従事させた場合や無許可の派遣会社から派遣労働者を受け入れた場合、労働者派遣以外の名目で契約を締結していた場合も適用対象です。なお、「労働契約申込みみなし制度」が適用されても、派遣労働者が申込みを承諾しない場合には、雇用契約は成立しません。

同一労働同一賃金法

平成27年9月に成立した、正社員と派遣社員の待遇格差を解消するために定められた法律。同じ水準の労働を行う場合は、正社員・非正規社員問わず、同じ賃金を支払うべきという考え方に基づく。正式には「労働者の職務に応じた待遇の確保等のための施策の推進に関する法律」という。

違法派遣と知らなかった場合

派遣先が違法な派遣であることを知らなかったケースでは、過失がないことを証明できた場合は、「労働契約申込みみなし制度」の対象外となる。

Column

事業場を異にする場合の兼業と割増賃金

　従業員の中には、休日や勤務時間外の時間を利用してアルバイトや副業を行う者がいるかもしれません。会社からすれば兼業には「会社の業務に支障をきたすおそれがある」「情報漏えいの危険がある」といった不安があるため、就業規則や個別の雇用契約でアルバイトを禁止している場合は多く、裁判所も、就業規則にこのような規定を置くことを認めています。ただし、休日や業務後のプライベートの時間を利用した兼業を一切禁止するような規定は、兼業による企業秘密の漏えい、本来の業務に与える影響、他の従業員に対する悪影響などを考慮しても「行き過ぎで妥当ではない」と判断される可能性があります。

　従業員の兼業を認める場合、会社として気をつけなければならないのが労働時間の通算です。1週間に40時間、1日に8時間という法定労働時間の制限は、事業場を異にする場合においても通算されます。たとえば、従業員Aが自社で8時から12時まで働いた後、B社で13時から18時まで働いた場合、合計9時間労働したことになり、従業員に対して1時間分の割増賃金を支払わなければなりません。どちらの企業が割増賃金を支払うか、ということについては決められていませんが、このケースであれば通常はB社が割増賃金を支払うことになります。支払いをめぐって従業員とトラブルにならないよう、事業者間の連絡や労働時間の管理方法についてあらかじめ定めておく必要があります。

　なお、業務の性質にもよりますが、仕事中に、PCやタブレットを使用している可能性もあるため、「業務中に従業員がアフィリエイトなどで副収入を得る」といった問題が発生することがあります。業務中の副業は、通常の場合は就業規則の服務規定に違反することになるため、従業員に対して、勤務中は担当作業に集中するように意識を徹底させることが重要です。

PART 3

労務の仕事の基本

PART3
1

労務の仕事の基本

労働契約を結ぶときの通知

労働条件の明示や中間搾取の禁止などの約束事を規定している

■ 必ず書面で明示する必要がある

　労働契約は労働者（被雇用者）が使用者に労務の提供をすることを約束し、使用者がその対価として賃金を支払う契約です。契約という意識がなくても、「雇います」「雇われます」という合意だけで契約は成立します。

　ただ、お互いが合意さえすれば、どんな内容の労働契約を結んでもよいというわけではありません。労働契約はさまざまな法令の制約を受けます。その中でおもな基準となるのは労働基準法、労働組合法による労働協約や就業規則です。これらに違反しない範囲の労働契約は有効です。

　労働基準法によると、労働条件は労働者と使用者が対等の立場で決めるべきだとしています（2条1項）。また、労働者を保護するために、合意された内容のうち労働基準法で定める最低基準に満たないものは無効です。この場合は同法に規定される内容がそのまま契約内容になります（13条）。使用者は労働契約の締結にあたり、労働条件を明示しなければなりません。明示する内容は賃金や労働時間などです。なお、一定の事項については書面による交付が義務づけられています（117ページ図）。

　労働契約の内容は、法律や規則あるいは書面により決定されます。契約内容が記された就業規則を備え付けるなどの方法による職場での明示が義務づけられています。さらに労働基準法は、労働者を雇い入れる際に、賃金、労働時間などの重要な労働条件を明確に説明することを義務づけています（15条1項）。労働条件の明示は口頭でもかまいませんが、そのうち「賃金の

労働協約

労働組合が労働条件を向上させるために使用者との間で書面により結んだ協定。組合員の賃金、労働時間、休日、休暇などの労働条件や労働組合と使用者との関係についての事項が内容とされ、団体交渉によって労使間で合意に達した事項を文書化し、労使双方の代表者が署名または記名押印することで効力が生じる。
労働協約は、使用者が主導的立場で制定できる就業規則とは異なる。労働協約に違反する労働契約や就業規則は無効となり、無効となった部分は労働協約で決めている内容が労働契約の内容になる。なお、労働協約が及ぶのは原則として協約の当事者である労働組合の組合員に限られる。

明示が必要な労働条件

書面で明示しなければならない労働条件	●労働契約の期間に関すること ●期間の定めのある労働契約を更新する場合の基準に関する事項 ●就業場所、従事すべき業務に関すること ●始業・終業の時刻、所定労働時間を超える労働の有無、休憩時間、休日、休暇、交替勤務制の場合の交替について ●賃金(※)の決定、計算・支払の方法、賃金の締切、支払の時期、昇給に関すること ●退職・解雇に関すること
右に示した事項を使用者が定めている場合には明示しなければならない労働条件	●退職手当の定めが適用される労働者の範囲、退職手当の決定、計算・支払の方法、退職手当の支払の時期に関すること ●臨時に支払われる賃金(退職手当を除く)、賞与・賞与に準ずる賃金、最低賃金に関すること ●労働者の負担となる食費、作業用品などに関すること ●安全、衛生に関すること　　●職業訓練に関すること ●災害補償、業務外の傷病扶助に関すること　　●表彰、制裁に関すること ●休職に関すること

※　退職手当、臨時に支払われる賃金、賞与等の賃金を除く

決定、計算、支払いの方法、締切、時期」などの一定の事項については、書面（労働条件通知書）を交付して明示しなければなりません。また、パートタイム労働者を雇用する場合には、それらの事項に加えて、①昇給の有無、②退職手当の有無、③賞与の有無について、文書、あるいは電子メールなどによって明示することが必要です。

■ 何をしてもらうのかを明示する

「明示すべき労働条件」の中で、とくにあいまいになりやすいのが、従事すべき業務に関する事項です。この点で会社側と従業員側の認識にズレがあると、「採用する人材に求めていた能力を持っていない」などの問題が発生するため、注意しましょう。たとえば事務員としての採用であっても、繁忙時には工場内での作業を手伝うこともあるといった場合には、雇用契約書にその旨を明記しておく必要があります。

PART3 2 就業規則の作成・変更

労務の仕事の基本

10人以上の会社では就業規則を作成しなければならない

■ 労働者10人以上の会社では就業規則の作成が義務

常時10人以上の労働者を使用する使用者は、就業規則を作成し、行政官庁（労働基準監督署）に届け出なければなりません（労働基準法89条）。就業規則に必ず明記しなければならない事項には、以下の3種類があります。

① **絶対的必要記載事項**

必ず記載しなければならず、そのうちの1つでも記載がないと30万円以下の罰金という刑事罰に処されます。始業・終業の時刻、休憩時間、休日、休暇、賃金の締切り・支払時期に関する事項などをいいます。

② **相対的必要記載事項**

規定することが義務づけられてはいないものの、何らかの定めをする場合は、必ず記載しなければならない事項です。退職手当や安全衛生、その事業場の労働者すべてに適用する定めを作る場合はその事項などをいいます。

③ **就業規則の任意的記載事項**

記載することが任意とされているものです。たとえば、就業規則制定の目的や趣旨、用語の定義、従業員の心得、職種や職階などがこれに該当します。

■ 就業規則の変更により労働条件を不利益に変更する場合

就業規則を変更した場合は、作成する時と同様、労働基準監督署に届出をすることが労働基準法により定められています。

変更する際には、労働者代表の意見を聴いた上で「意見書」

作成義務違反

就業規則の作成義務に違反すると、30万円以下の罰金が科せられる。

10人未満の場合

10人未満の従業員しか使用していない場合、就業規則の作成義務はないが、法律上の義務のあるなしに関係なく、ひとつの指針として就業規則を作成しておくことは重要といえる。

意見を聴くだけではなく意見調整が必要

労働基準法では就業規則の作成にあたり、①当該事業所に、労働者の過半数で組織する労働組合がある場合においてはその労働組合、労働者の過半数で組織する労働組合がない場合においては労働者の過半数を代表する者の意見を聴くこと、②届出の際には、労働者の意見を記した書面を添付すること、を義務づけている。反対意見が出たとしてもそれに合わせて就業規則を変更する義務はない。ただし、従業員のやる気をそぎ、円滑な事業活動に支障をきたすことになる可能性があるため、ある程度の意見調整は必要である。

就業規則の作成にあたっての注意事項

作成義務	常時10人以上の労働者を使用している場合には、作成義務がある
意見聴取義務	作成・変更に際しては、労働者代表の意見を聞かなければならない
周知義務	労働者に周知させなければならない
規範的効力	就業規則で定める基準に達しない労働契約は、その部分につき無効となり、無効部分は就業規則で定めた基準による

を添付する必要があります。

しかし、就業規則の変更が労働者に不利益になる場合は、労働者代表の意見を聴くだけでは足りず、労働契約法の原則に従った「合意」を得られなければ、原則として変更することはできません。

■ 労働者の合意を得ずに不利益変更ができるケース

一定の要件を満たした場合には、労働者との合意を得ないまま、就業規則を変更し、労働条件を不利益に変更することが可能です。

ただし、この場合は、変更後の就業規則の内容を労働者に周知させる（広く知らせる）ことが必要です。さらに、就業規則の変更内容が、①労働者の受ける不利益の程度、②労働条件の変更の必要性、③変更後の就業規則の内容の相当性、④労働組合との交渉の状況、などの事情を考慮した上でのものであり、合理的であると認められなければいけません。

このような要件を満たす変更であれば、労働者を不当に不利にする就業規則の変更とはみなされず、労働者との合意を得ずに変更することも可能です。

法律上は同意不要
就業規則の内容にもっとも影響されるのはその事業所で働く者であるため、意見を聴くのは当然なことだといえる。しかし、労働基準法で義務づけているのは意見の聴取と意見書の提出だけである。

労働者代表
その事業場に労働者の過半数で組織する労働組合があるときはその労働組合のこと。その事業場に労働者の過半数で組織する労働組合がないときは、労働者の過半数を代表する者。

PART3 労務の仕事の基本

PART3 3 試用期間

労務の仕事の基本

試用期間後の本採用拒否は解雇と同じ

■ 試用期間とは

　試用期間とは、正社員を採用する際に、人物や能力を評価して本採用するか否かを判断するための期間です。期間の長さは、入社後の一定期間（通常は3か月程度）です。試用期間中に不適格と判断した場合、「途中で解雇する」あるいは「終了時に本採用の契約を行わない」といった対応をとることになります。試用期間を設ける理由は本採用前に従業員の勤務態度や能力を見極め、適格性を判断する必要があるためです。

　労働基準法などの法律には、試用期間の条件についての明確な規定はありません。たとえば「時給900円（ただし3か月は試用期間とし、その間の時給は850円とする）」などのように、試用期間をどの程度の長さにするかは会社側が一方的に決めることができ、最低賃金法に抵触しない範囲内で賃金を通常よりも安く設定することが可能です。

　ただし、試用期間を設けるにあたって注意しなければならないことがあります。それは、たとえ「試用期間○か月」などと明確に示して雇用契約を締結したとしても、法律上は本採用の雇用契約と同じように扱われるということです。

■ 14日以内であれば解雇できる

　数か月間の試用期間中に、本人の仕事ぶりや能力を確認し、その結果、求める人材ではなかったと判断する場合があります。

　このような場合は、試用期間は期間を限定した雇用のため、期間終了の時点で一方的に「本採用は見送る」として入社を断っ

三菱樹脂事件

最高裁昭和48年12月12日判決。学生運動歴を隠していたことを理由に、3か月の試用期間満了後に本採用を拒否したことの違憲性・違法性が争われた事件。

平等原則を定める憲法14条や思想・良心の自由を定める憲法19条が、個人や会社の間でも適用できるかが争点となった。

最高裁の判断は、地方裁・高等裁の判断を覆すもので「採用基準は各企業が自由に決めてよいものであるため、企業があらかじめ応募者の思想・信条を調査し、それを理由に不採用としても違法行為ではない」とした。

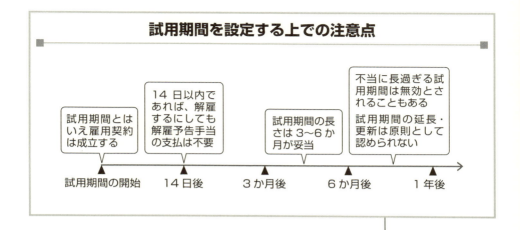

てもよいと判断しがちです。しかし、試用期間も本採用と同じく「雇用扱い」のため、このような行為は認められません。

試用期間は、お試し雇用の期間ではなく、会社の業務に必要な教育を受け、仕事に慣れるための期間であり、その後の配属先や必要な職業訓練の必要性を判断するために設けられます。試用期間が始まる段階で、すでにその社員は会社の一員として雇用契約を交わしています。そのため本採用の見送りは解雇と同様とみなされます。「試用期間の終了」は、解雇が許される正当な理由とは認められないということを覚えておきましょう。

ただし、実際に働かせたところ、すぐに面接では判別しきれなかった実務能力やコミュニケーション能力に問題があることがわかり、本採用することが難しいと判断することも十分ありえます。そのため、労働基準法21条では、試用期間中の者を14日以内に解雇する場合には、通常の解雇の際に必要な「30日前の解雇予告」や「解雇予告手当金の支払い」をしなくてもよい、と定めています。つまり、試用期間開始から14日以内の解雇は、通常の解雇として扱われない、ということです。

ただし、14日というのは案外あっという間に過ぎるため、ミスマッチを判断することが困難と感じる場合があります。対策

解雇予告と解雇予告手当

会社が労働者を解雇する場合、原則として少なくとも30日前までに解雇を予告する必要がある。この予告を解雇予告という。予告なしにいきなり解雇をする場合に、30日分以上の平均賃金の支払いが必要であり、この場合に労働者に対して支払われる金銭のことを解雇予告手当という。
解雇予告期間と予告手当は合算して30日分あればよい。

として、試用期間以外の方法で採用を行うことも視野に入れる必要があります。

■ 試用期間は原則として延長できない

試用期間は解雇権が留保されるため、労働者の地位は不安定です。そこで、不当に長い試用期間の設定は認められず、3～6か月の間が妥当とされています。また、特別な事情を除いて、試用期間の延長は認められません。ただし、労働者が試用期間の大半を病欠した場合など、試用期間の延長の可能性が想定される場合は、その旨を就業規則に定めておく必要があります。

■ 試用期間以外の方法もある

ミスマッチ防止策としての試し期間を設ける場合、試用期間以外には、契約を2回締結するという方法があります。この方法であれば試用期間と異なり、解雇の問題が発生しません。たとえば、まず3か月など短期契約で就労させ、実務対応やコミュニケーション能力などを見極めます。その上で、期間満了後に改めて本採用についての判断を行います。

こういった短期間契約には、おもに次のようなものがあります。

① **有期雇用契約**

短期契約を経た上で、本採用として無期契約を締結します。

② **紹介予定派遣**

派遣先が派遣労働者の直接雇用を予定して行う派遣労働です。6か月以内の一定期間に派遣された労働者を、本人と会社双方で話し合い、期間終了時に直接雇用をするかどうかを決定します。最初は派遣元と会社間で派遣契約を締結し、直接雇用の段階で、労働者本人と会社が雇用契約を締結します。

③ **トライアル雇用**

ハローワークより紹介された求職者を3か月以内の一定期間雇用することです。雇用者をトライアル期間終了時に正規雇用

就業規則

労働省の待遇、採用、退職、解雇などの人事の取扱いや服務規程、福利厚生、その他の内容について定めた会社の規則を就業規則という。

試用期間との違い

有期雇用・紹介予定派遣・トライアル雇用という手法で試用し、その後に新たに正規雇用した場合でも、解雇の問題は発生しない。
もっとも、契約締結の回数が増えれば契約内容の確認や契約書作成などの手間も増え、紹介予定派遣の場合は派遣会社に対して紹介料を支払わなければならないというデメリットがある。

インターンシップ制度

・実務経験を積める
・職業意識を高めることができる
・今後の就職活動や将来の展望の参考になる

学生

実習・研修

・企業のイメージアップ
・新入社員教育への応用
・社内の活性化
・就労後の企業と学生のミスマッチの回避

企業

すると、国から奨励金の支給を受けることができます。まずは求職者と会社が3か月以内の短期契約を締結し、本採用時に改めて無期契約を締結します。

④　インターンシップ

　学生が、企業などで実習や研修などの就業体験を受ける制度をいいます。学生側には、実務経験を積み、職業意識を高めるというメリットがあり、企業側には、企業のイメージアップや新入社員教育への応用、社内の活性化、就労後の企業と学生のミスマッチの回避などのメリットがあります。

　なお、インターンシップ活用にあたり、インターン生が労働基準法上の「労働者」にあたるのかという点には注意が必要です。企業がインターン生に指揮命令を行う「使用従属関係」にあれば、インターン生が労働者にあたる可能性が高いようです。

　労働者とみなされた場合には各労働法が適用され、賃金支払いなどが義務づけられます。労働者と想定される業務を行わせる場合、事前に労働契約を交わし、労働法に基づく実施が必要です。

PART3
4

労務の仕事の基本

従業員を採用したときの手続き

社会保険や雇用保険の手続きが必要

保存期間
出勤簿、タイムカード、賃金台帳は最後に記入した日から3年間、事業所に保存しておく必要がある。

■ 三帳簿と新入社員に提出してもらう書類

　会社などの事業所で新たに従業員を採用した場合には、さまざまな書類を作成します。このような書類には法律による書式の規定が設けられていないため、原則として事業所の必要にあわせて自由に作成することができます。

　ただ、人を雇用する事業所として、法律上、備え付けが義務づけられている書類もあります。これを法定三帳簿（または雇用三帳簿）といいます。法定三帳簿とは、①出勤簿またはタイムカード、②賃金台帳、③労働者名簿の3つの書類です。これらの書類は、雇用保険に関する手続きの際などの場合に、従業員の就労状況を把握するため、提出が求められるケースもあります。従業員を採用した事業所は、これらの法定三帳簿を必ず作成しなければなりません。

　また、会社などの事業所で従業員を採用した場合にその従業員から提出してもらう書類は、会社によって異なりますが、一般的には、①履歴書（自筆、写真を貼ってあるもの）、②最終学歴の卒業証明書（新卒者の場合）、③誓約書（仕事の内容による）、④身元保証書、といった書類を提出してもらうことになります。

■ 新しく社員を雇ったときの社会保険の手続き

　新しく社員を雇った時の手続きには以下のものがあります。
① 雇用保険の手続き
　雇用保険は、採用した従業員の雇用形態や年齢、従業員と会

社員を採用した場合の各種届出

事由	書類名	届出期限	提出先
社員を採用したとき（雇用保険）	雇用保険被保険者資格取得届	採用した日の翌月10日まで	所轄公共職業安定所
社員を採用したとき（社会保険）	健康保険厚生年金保険被保険者資格取得届	採用した日から5日以内	所轄年金事務所
採用した社員に被扶養者がいるとき（社会保険）	健康保険被扶養者（異動）届	資格取得届と同時提出	所轄年金事務所
労働保険料の申告（年度更新）	労働保険概算・確定保険料申告書	毎年6月1日から7月10日まで	所轄労働基準監督署

社との間の雇用契約の内容によって、加入できるか（被保険者となるかどうか）を判断します。従業員を採用したときに公共職業安定所（ハローワーク）に提出する書類は「雇用保険被保険者資格取得届」です。

② 健康保険と厚生年金保険の手続き

原則として、健康保険と厚生年金保険は同時加入が義務づけられているため、健康保険と厚生年金保険は、手続きも同時に行われます。

新しく従業員を採用した場合、「健康保険厚生年金保険被保険者資格取得届」を所轄年金事務所に提出します。健康保険組合がある会社については、その健康保険組合にも提出します。

被保険者資格取得届には、基礎年金番号を記入します。採用した従業員が年金手帳を紛失したために番号がわからない場合は、「年金手帳再交付申請書」を取得届と同時に提出します。

採用した従業員に被扶養者がいる場合は、「健康保険被扶養者（異動）届」を提出し、被扶養者分の保険証の交付を受けます。

なお、70歳以上の従業員は健康保険のみの加入です。

社会保険の加入要件

会社などの法人の場合は、事業の種類に関係なく1人でも従業員がいれば、社会保険に加入しなければならない。
ただし、パートやアルバイト、嘱託社員については、正社員と比較して「勤務時間と勤務日数のおおむね4分の3」以上勤務する者が対象になる。
なお、平成24年8月に行われた厚生年金法などの改正により、従業員数が500人を超える会社の場合はこの基準が「①週20時間以上、②月額賃金8.8万円以上（年収106万円以上）、③勤務期間1年以上」を満たす労働者に緩和されることになった（平成28年10月施行予定）。

不採用や内定取消をめぐる問題点

PART3 5
労務の仕事の基本

理由によっては違法になる場合がある

■ 不採用が違法になる場合もある

使用者には「採用の自由」がありますが、不採用の理由によっては違法になる場合があります。

たとえば女子であることを理由に不採用とするのは、女性に対し男性と均等な機会を与える義務に反するため、違法です（男女雇用機会均等法5条）。また、組合活動や労働組合に所属していたことを理由に不採用とするのは、憲法で保障された労働組合の団結権を侵害する扱いとなるために違法です（労働組合法7条）。

使用者が思想信条を理由に労働者を不採用にできるかについては裁判になったことがありますが、最高裁判所は、思想信条を理由とする不採用は「違法でない」という判決を下しました（三菱樹脂事件）。

■ 合理的な理由がない内定取消は違法である

会社は、学校卒業予定者に対して、採用内定の通知を出すのが通常です。中には、誓約書の提出を求める場合もあります。採用内定者と会社との間の関係は、法的には、労働契約はすでに成立していると考えられています。具体的には「卒業後、予定された入社日から働く」のような、雇用関係の予約という内容の労働契約が成立しているといえるのです。なお、この契約は、採用内定通知書や契約書に記載されている一定の取消事由が生じた場合には、使用者の側で解約（内定取消）できるという解約権が留保されています。

景気の悪化と内定取消

内定後の短い期間に景気が悪くなった場合は、経営者の景気予測に誤りがあったといえる。そこで、内定者の内定を取り消す事は、よほどの著しい景気変動がない限り違法だと考えられる。

最高裁判所の判例の中にも「採用の内定によって解約権留保つきの労働契約が成立したものであって、社会通念（社会常識）上相当と認められる事由による他は、右内定を取り消すことはできない」と判断している。

内定を通知した学生に記載させる誓約書のサンプル

誓　約　書

△△△△株式会社　代表取締役社長　○○　○○　殿

この度貴社に従業員として入社するにあたり、次の条項を誓約し厳守履行いたします。

1. 貴社就業規則および服務に関する諸規定・諸命令を堅く遵守し誠実に勤務すること
2. 先に提出した履歴書および入社志願書の記載事項は真実に相違ないこと
3. 貴社従業員としての対面を汚すような行為をしないこと
4. 故意又は重大な過失、その他不都合な行為によって貴社に損害を与えた場合は、その責任を負うこと

平成　　年　　月　　日

現住所　東京都世田谷区○○町1丁目1番1号
氏　名　○○　○○　㊞
　　　　昭和○○年○月○日生

　しかし、内定の取消は、学生の他社への就職のチャンスを奪い、大きなダメージを与えるものです。そのため、解約する場合には合理的な理由が必要です。最高裁判所でも、合理的理由のない採用取消は「許されない」としています。

　それでは、どのような場合に内定を取り消す事ができるのでしょうか。抽象的にいえば、使用者と内定者との間の信頼関係を破壊するような事実が内定者に起こった場合や、著しい経済事情の変動があった場合などがこれにあたります。たとえば、履歴書に事実と違うことを書いたとしても、それが仕事の適格性と全く関係なければ、それを理由に取り消すことはできません。

　逆に、たとえば外国語の文書を扱う部署で語学力をあてにして採用する場合のように、その人の特殊な技能を見込んで採用したにもかかわらず、その技能についての経歴が全くのウソであったような場合は、採用を取り消すことができます。

経歴詐称
労働者と使用者が労働契約（雇用契約）を結ぶにあたって、労働者が自分の学歴や職歴などを偽ること。重大な経歴詐称は労働契約の解雇事由になる。

PART3 6 労使協定や労働協約

労務の仕事の基本

労使の利害を調整するためのもの

■ 労使協定とは

　労使協定とは、事業場に労働者の過半数で組織する労働組合があるときはその労働組合、労働者の過半数で組織する労働組合がないときは労働者の過半数を代表する者との書面による協定をいいます。労使協定には、労働基準監督署への届出が義務づけられているものとそうでないものがあります。たとえば、労働時間については1日8時間、週40時間という制限がありますが、労使協定を結び労働基準監督署に届け出た場合は、1日8時間以上の労働を命じても違法にはなりません。

■ 労働協約とは

　労使間での団体交渉の結果、労働組合と使用者との間で労働条件が決定されると、その内容は、当事者の署名・押印とともに書面に残されます。これが労働協約です。

　労働協約は、労働組合と使用者の合意によって締結されます。ただ、その内容に効力をもたせるには、正式に書面にして当事者双方が署名・押印をする必要があります。労働協約に定める労働条件その他労働者の待遇についての基準に違反する就業規則や労働契約は、その部分が無効になります。そして、無効となった部分の効力は、労働協約の定める基準に従い判断します。また、労働契約で定められていない部分についても労働協約に従います。1つの事業場に常時使用される同種の労働者の4分の3以上の者が、1つの労働協約の適用を受ける場合には、その事業場の残りの労働者にも、その労働協約が適用されること

届出が義務づけられているもの

以下の事項については、労使協定の締結だけでなく、届出まで要求されている。
・貯蓄金の管理
・1か月単位の変形労働時間制
・1年単位の変形労働時間制
・1週間単位の非定型的変形労働時間制
・時間外・休日労働
・事業場外労働のみなし労働時間制
・専門業務型裁量労働のみなし労働時間制

事業場

事務所や工場など、事業活動が行われる場所のこと。法律によって使い分けられることはあるが、「事業所」と「事業場」はほぼ同じ意味。

労使協定および労使委員会の決議が必要な事項

① 貯蓄金の管理、② 賃金の一部控除、③ 1か月単位の変形労働時間制、④ フレックスタイム制、⑤ 1年単位の変形労働時間制、⑥ 1週間単位の非定型的変形労働時間制、⑦ 休憩時間の与え方に関する協定、⑧ 時間外・休日労働、⑨ 割増賃金の支払いに代えて付与する代替休暇、⑩ 事業場外労働のみなし労働時間制、⑪ 専門業務型裁量労働のみなし労働時間制、⑫ 時間単位の年次有給休暇の付与、⑬ 年次有給休暇の計画的付与制、⑭ 年次有給休暇に対する標準報酬日額による支払い、⑮ 企画業務型裁量労働のみなし労働時間制、⑯ 育児休業の適用除外、⑰ 介護休業の適用除外、⑱ 子の看護休暇の適用除外、⑲ 介護休暇の適用除外、⑳ ③から⑭までの協定に代わる労使委員会の決議を行う場合

になります。この効力を一般的拘束力といいます。

■ 労使委員会とは

労働基準法によって、労使の間に入って協議を進める担当機関として、労使委員会を設置することが認められています。

労使委員会の目的は、賃金、労働時間などの事業場における労働条件について調査審議し、事業主に対して意見を述べることです。労使委員会は、継続的に設置される機関で、使用者と事業場の労働者を代表する者から構成されます。

労使委員会の決議には、労使委員会の委員の5分の4以上の多数決によることで労使協定の代替とすることが認められる場合があります。たとえば、1年・1か月・1週間単位の変形労働時間制や時間外労働を導入する場合には労使協定が必要ですが、労使委員会の決議があれば、労使協定を定める必要はなくなります。

労使委員会の議事
労使委員会での議事については、議事録を作成し保管し、事業場の労働者に対して周知させることになっている。

労使委員会がある企業
実際のところ、労使委員会が設置されている企業は複数の労働組合があるような大企業が多いようである。

PART3 7 労働組合の種類と組合への対応の仕方

労務の仕事の基本

使用者側の利益代表者は組合員になれない

労働基本権
憲法で保障された団結権、団体交渉権、団体行動権のこと(憲法28条)。3つの権利を意味するので、労働三権とも呼ばれている。

■ たとえばどんな場合に問題になるのか

　経営者が頭を悩ませることのひとつに、労働組合からの要求にどう対応するかということがあります。経費の面や対応にかかる時間、労力などのことを考えると、頭の痛い問題であるといえるでしょう。

　労働者が労働組合を通じて団体交渉を申し入れてきた場合、「対応方法がよくわからないから」と団体交渉の申入れをその場で断ってはいけません。団体交渉の申入れを受けた段階で無視をしたり断った場合、会社側が負う誠実交渉義務に違反する可能性があるからです。対応に不安がある場合には、申入れのあった段階で、労働関係の専門家に相談するのもひとつの方法です。専門家に任せるにしても、自分で対応するにしても、団体交渉の申入れは必ず受け入れるようにします。対応する際にはあまりに人数が多いと収拾がつかなくなるため、多人数で交渉を行わないようにし、交渉の場所は他の社員の動揺を避けるため、通常の就業場所とは離れた場所で行うとよいでしょう。

■ ユニオンとはどう交渉すればよいのか

　ユニオンとは、企業内組合とは異なり、それぞれが異なる企業に勤めている一個人から成る労働組合のことをいいます。労働組合のない会社の従業員であっても、こうしたユニオンに加入している場合には、労働組合の組合員として活動することができます。

　もともと労働者には労働三権が認められています。労働三権

労働組合の種類

企業別組合	同じ企業に勤務する労働者を組合員として組織する組合
産業別組合	鉄鋼業、運送業、建設業など、同じ産業に属する企業で働く労働者を組合員として組織する組合
職業別組合	看護師やパイロットなど、同じ職業を持つ労働者を組合員として組織する組合
一般（合同）組合（ユニオン）	企業や産業、職業などの枠にとらわれず、労働者であれば個人で加入できる組合

とは、団結権・団体交渉権・団体行動権のことです。

労働者は、この規定を受けて定められた労働組合法によって保護されています。労働組合法は、会社が組合員に対して不当な扱いをすると不当労働行為に該当すると定めている他、解雇などをめぐって争いになった場合に、労働組合から労働委員会に労働争議の申立を行うことも認めています。ユニオンが会社に対し団体交渉を申し入れてきた場合、会社は無視することはできません。

■ 従業員の不安をあおるような発言や行動を控える

労働者にとって一番困ること、怖いことは、突然解雇されたり、賃下げを告げられたりして、自分たちの身分や生活が脅かされることです。強硬な手段を防ぐためにまず必要なことは、「従業員に不要な不安感や恐怖感を抱かせない」ということです。したがって、経営者側は厳重に情報管理をして不用意に情報を漏えいしないように気をつけなければなりません。

> **不当労働行為**
> 団結権、団体交渉権、団体行動権を使用者が侵害する行為を「不当労働行為」という（労働組合法7条）。使用者が労働組合の団結権（正当な活動）を不当に侵害する行為のこと。

法定労働時間の原則と休憩時間

PART3 8

労務の仕事の基本

週40時間、1日8時間の労働時間が大原則である

労働時間
労働基準法でいう労働時間とは、「労働者が使用者の指揮監督の下にある時間」をいう。労働時間か否かの判断は、この基準に基づいて行う。

■ 法定労働時間は週40時間、1日8時間である

　仕事が忙しい場合でも、使用者は労働者に対して自由に残業をさせることができるわけではありません。労働基準法では、「法定労働時間（週40時間、1日8時間）を超えて働かせてはならない」という原則があります（労働基準法32条）。これは、週の労働時間の合計の上限（40時間）と1日の労働時間の上限（8時間）の両面から規制がなされるということです。これに違反する場合には刑事罰（6か月以下の懲役または30万円以下の罰金）が科されます（労働基準法119条）。

　割増賃金を支払わなければならない「時間外労働」とは、法定労働時間（週40時間、1日8時間）を超える労働時間です。ただし、労働基準法は、就業規則で定められた終業時刻後の労働すべてに割増賃金の支払を要求しているわけではありません。たとえ「残業」をさせたとしても、8時間の枠は超えていなければ、時間外労働にはなりません。これを法定内残業といいます。法定内残業は時間外労働ではないため、使用者は割増賃金ではなく、通常の賃金を支払うことで足ります。

■ 手待時間は労働時間にあたるのか

　よく問題となるのが作業と作業の間のような手待時間です。
　手待時間とは、業務が発生したときには直ちに作業を行えるよう待機している時間のことを意味します。
　手待時間については、実際に仕事はしていなくても、使用者はいつでも労働者に指示して労働させることができ、労働者側

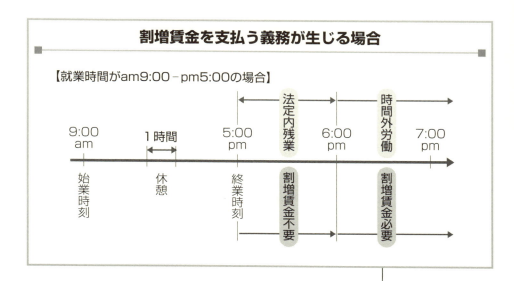

からすれば私的な活動を制限される時間です。手待時間は労働時間と同じ扱いになります。

■ 休憩時間も法律で定められている

休憩時間には、労働時間とは別の定めがあるため、労働時間の計算時には休憩時間を除外して行います。

使用者は労働者に対し、労働時間が6時間を超える場合は45分、8時間を超える場合は1時間以上の休憩時間を与えなければならず、休憩時間は労働時間の途中に一斉に与えなければならないとされています。交替で休憩させる場合など労使協定により例外が認められます。

多くの会社では、まとまった休憩時間を昼食時に設定しています。一斉に与えなければならないとしているのは、バラバラに休憩をとると、休憩がとれなかったり、休憩時間が短くなる労働者が出ることを防ぐためです。

休憩時間は拘束してはならず、労働者に自由に利用させなければなりません。休憩時間に社員を講堂に集めて勉強会をする

> **労働時間に関する例外**
> 労働時間については労働基準法に次のような例外が規定されている。
> ① 1か月単位の変形労働時間制
> ② フレックスタイム制
> ③ 1年単位の変形労働時間制
> ④ 1週間単位の非定型的変形労働時間制

場合は、法律の認める「休憩時間」にはあたりません。

ただし、自動車の運転などの従事者、監督・管理・機密の仕事をする者については、労働時間や休憩時間についての例外があります。

■ 労働時間にあたるもの・あたらないもの

就業規則には、始業時刻と終業時刻が記載しますが、労働時間を判断する場合は、それに形式的にとらわれてはいけません。具体的に労働時間の判断が難しいといわれているケースとして、次のような場合が挙げられます。

① 仕事をするために通常必要とされる準備や整理の作業は労働時間にあたります。

② 始業前の掃除、お茶の準備、朝礼への参加については、使用者が命じていれば労働時間にあたります。使用者の命令がなくても、職場の清掃は、業務遂行上必要な準備作業ですから労働時間にあたります。

　一方、お茶の準備は、お茶の準備をしなければ査定上不利に扱われ、その結果命令されているのも同然という場合には労働時間になります。

③ 銀行員の制服のように、労働者が所定の作業服の着用を義務づけられている場合や、危険な工場で働く労働者のように、法令で作業服や保護具（安全靴など）の着用が義務づけられている場合は、これを着用するための時間は労働時間になります。

④ 職場体操は、労働者に参加が義務づけられていなければ労働時間にはなりませんが、参加しなければ査定で不利に扱われるというような場合には労働時間になります。なお、始業前のラジオ体操の時間は労働時間ではないとする裁判例もあります。

⑤ 教育、研修、訓練の参加は、使用者の命令がある場合は労

管理監督者の場合

管理監督者とは、具体的には部長や工場長が該当する。こうした立場の役職者は労働条件の決定など、労務管理について経営者と一体的立場にあるため、厳格な労働時間管理になじまない。
そのため、法定労働時間や休憩時間の規制が適用されない。
ただし、単に役職の名称ではなく、実態に即して管理監督者に該当するかで判断される。

健康診断と労働時間

一般的な健康診断、つまり雇入時の健康診断や定期健康診断に要した時間は労働時間ではないと解釈されている。ただ、一般の健康診断についても、特殊健康診断と同様に労働時間として扱うべきものとするべきという見解もあり、今後の行政解釈が変更されることも考えられる。

特殊健康診断と労働時間

有害な業務に従事する労働者に対して行われる特殊健康診断は業務の遂行上不可欠であり、その実施時間は労働時間と考えられている。

休憩時間のしくみ

休憩時間
- 労働時間
  →6時間超えで45分
- 労働時間
  →8時間超えで1時間

原則
一斉付与

例外
- 書面で労使協定を結んだ場合は一斉に与えなくてもよい
- 一定の業種（運送業、商店など）や地位にある者（監督、管理者など）にも休憩時間の適用は除外される

労使協定
① 一斉に与えない労働者の範囲
② ①の労働者に対する休憩の付与方法

働時間になります。また、参加しなければ事実上不利益な扱いがなされるため、結果として参加が強制される場合も労働時間になります。一方、研修への参加が完全に労働者の自由に委ねられているような場合は、研修に参加しても労働時間とは認められません。

⑥ 出張のために電車に乗っていた時間は「移動中も商品の監視を命じられている」というような特別の指示がない限り労働時間にはあたらず、毎日の通勤時間と同じように考えられます。ただし、重要書類や貴金属・機材を運搬している場合や、重要人物の警護・介護など移動中も業務をしているといえるような特別の事情がある場合には、出張に伴う移動時間も労働時間と認められます。

⑦ 仮眠時間も一定の場合には実労働時間として認められます。たとえば、2人乗務のトラックにおいて、運転しない一方の運転手が助手席で仮眠する場合などには、その時間を労働時間の一部としてとらえます。

介護サービスを利用した場合の移動時間

介護サービスを行う労働者がサービス利用者の自宅へ移動する時間は労働時間に該当すると考えられている。また、緊急の介護のために、待機している時間も労働者に自由がなく、拘束されていると認められれば労働時間に該当する。

PART3 9 労務の仕事の基本

出張した場合の旅費や労働時間の取扱い

費用や労働時間についてあらかじめ明確にしておく

■ 出張についてのとりきめを行う

　労働者の出張が想定される場合は、出張時の旅費や労働時間の取扱いについての規定を明確にしておくことが必要です。

　出張には国内出張と海外出張に分類され、国内出張の場合は、日帰り出張と宿泊を伴う出張があります。一般的に日帰り出張の場合は、距離や時間を基準とした日当の支給を規定します。宿泊出張では、日当プラス宿泊費を支給することになりますが、実費で渡す方法と定額で支給する方法とがあります。

　宿泊費を定額で渡す場合は、社員が友人宅や格安なホテルに宿泊すれば社員側に利益が発生します。しかし、定額で渡すことは、この金額以下で抑えるという経費抑制効果もあるため、現状にあった額を検討することが重要です。

　海外出張の場合、海外出張旅費として定められる費用には、赴任支度料、日当、宿泊費、交通費、荷物運送諸費用といったものがあります。出張後に精算の形をとることも多いため、出張を行う従業員に、レシートや領収書などを保管しておくように伝えておきましょう。また、海外の場合、病気や事故に備えるため、損害保険に加入してもらうのがよいでしょう。

■ 労働時間の取扱い

　社員が社外で労働した場合、労働時間の算定が困難な状況では、労働基準法により「みなし労働時間制」を適用します。つまり、出張は労働時間を算定し難いことから、所定の労働時間を労働したものとみなすことで、労働時間の管理を行います。

みなし労働時間

タイムカードなどで労働時間を管理できない労働者につき、あたかも社内で働く他の労働者と同じように、始業時刻から終業時刻まで労働したとみなす制度がある。これを事業場外のみなし労働時間制という（労働基準法38条の2）。
なお、当該業務を遂行するために通常所定労働時間を超えて労働することが必要となる場合には、当該業務の遂行に通常必要とされる時間について労働したものとみなされる。

海外出張の際に支給される費用

項目	内容
赴任支度料	出張に必要な旅装（スーツケースなど）や身の回り品の購入を考慮したもの
日当	職階別、出張地域別に、定額の日当が決められていることが多い
宿泊費	実費支給が一般的だが、上限を決めている場合もある
交通費	実費支給がほとんどだが、なるべく運賃の安い経路を選ぶように周知させる
荷物運送諸費用	社用荷物を携帯する必要がある場合に、航空便別送料金、携行手荷物料金が支給される場合がある
渡航雑費	パスポートなど渡航手続きに必要な手数料などの諸経費を考慮したもの

　ただし、出張中であっても、同行者に労働時間の管理をする者がいる場合や、出張先が自社の事業所で、そこで指揮監督の下で仕事を遂行するようであれば、みなし労働時間制が適用できないため、注意が必要です。

　出張先での残業労働の取扱いについては、出張手当で補うという考え方でよいでしょう。出張の際の移動時間、つまり往復に要する時間は、社員が日常、出勤に費やす時間と同一性質であるとみなすところが多いようです。

　なお、出張中に事故にあった場合でも、労災保険は適用されます。出張先への移動中や、仕事が終わって宿泊先で過ごしている時でも事故が発生すれば労災保険を受けることができます。ただし、出張先で仕事とは関係なく飲み歩いていたり、私的な行動でゲームや映画などの娯楽中に事故にあったりした場合には、労働時間にあたらないとされ、適用が認められません。

事業場外労働のみなし労働時間制

PART3 10
労務の仕事の基本

労働時間の算定が難しい場合に活用できる

■ 外勤社員の労働時間について

労働時間の中には、営業マンのように一日中外勤に従事し、労働時間の管理が難しいケースがあります。

外勤の場合でも「実際に働いた時間」を計算するのが、労働基準法の考え方の基本ですが、外勤に従事する人の場合については、別途「事業場外（事業場施設の外）で業務に従事した場合において、労働時間を算定しがたいときは、所定労働時間労働したものとみなす」という定めがあります（労働基準法38条の2第1項）。つまり、外勤に従事する労働者の労働時間については、社内で働く他の労働者と同じように、始業時刻から終業時刻まで労働したとみなします。これを事業場外労働のみなし労働時間制といいます。

また、「当該業務を遂行するためには通常所定労働時間を超えて労働することが必要となる場合には、当該業務の遂行に通常必要とされる時間労働したものとみなす」という定めもあるため、始業時刻から終業時刻までの所定労働時間に終えることができないような仕事の場合は、その仕事をするのに通常必要な時間労働したとみなすことになります。なお、この「通常その仕事に必要な時間」が8時間を超える場合は、事業場外労働のみなし労働時間を定める労使協定を結び、労働基準監督署へ届出をします。

■ 事業場外のみなし労働時間が適用されないケース

外勤社員の場合でも、労働時間を算定できる場合があります。

みなし労働時間が適用される例

おもに以下のようなケースがある。
・営業社員の出張
・新聞記者の取材
・保険の外交セールス
・研究開発スタッフ
・編集者

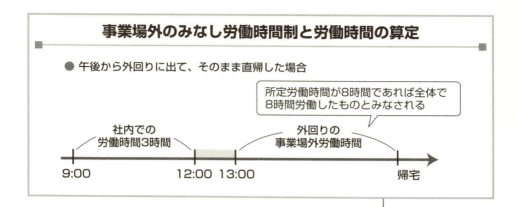

　たとえば携帯電話で上司の指示を受けながら働く場合、出社して上司からその日の訪問先や帰社時刻など当日の業務の具体的指示を受け、それに従って外出し、業務に従事した後に帰社する場合などがこれにあたります。この場合は、実際に働いた時間を計算して労働時間とします。

■ 事業場外労働では残業代の支給は必要か

　事業場外労働のみなし労働時間制は、労働時間の全部または一部を事業場外で行う場合に所定労働時間労働したものとみなす制度です。ただし、その労働が所定労働時間を超えて労働しなければ業務を遂行できない場合もありますので、このような場合は、できるだけ労使で協議して、その業務を行うのに、通常どの程度時間を必要とするのかをあらかじめ決めた上で、その時間を労働時間とします。このことで、時間外手当の計算の手間が省けますが、これは決して時間外手当を支払わなくてもよいということではありません。労使で協議して決めた時間が1日10時間の場合は労働時間が8時間超となるため、1日2時間の時間外手当を支給することになります。このように、定められている労働時間が8時間を超えていれば、残業代の支払いが必要です。

みなし労働時間が適用されないケース

以下のようなケースがある。
①訪問先や帰社時刻等について具体的な指示を受けている場合
②開発チームのチーフ管理の下に業務が遂行されている場合

裁量労働制

PART3 11
労務の仕事の基本

労使協定により定めた時間を労働したものとみなす制度

■ 裁量労働制とは

業務の中には、必ずしも労働の成果が労働時間と関連しない職種もあり、実際の労働時間と関係なく、労使協定で定めた時間を労働したとみなす制度が設けられています。このような労働を裁量労働といい、裁量労働により労働時間を測る方法を「裁量労働制」といいます。裁量労働制には、労働基準法で定める専門業務に就く労働者に導入可能な「専門業務型裁量労働制」と、企業の本社などで企画、立案、調査や分析を行う労働者を対象とした「企画業務型裁量労働制」の2種類があります。

・**専門業務型裁量労働制**

専門業務型裁量労働制における専門業務とは、新商品や新技術の研究開発など、情報処理システムの分析や設計、取材や編集、デザイン、プロデューサーやディレクターの業務、事業運営についての考案・助言などの業務です。

専門業務型裁量労働制を導入する際には、労使協定でさまざまな事項を定めなければなりません。

まず、対象となる業務を定めます。次に、みなし労働時間を定めます。1日あたり何時間労働したこととして算定するかを定める必要があり、その時間が労働者の労働時間になります。

また、労使協定には、業務の遂行、手段、時間の配分について会社が具体的な指示をしないこと、対象労働者の健康および福祉を確保するための措置を講ずること、労働者からの苦情の処理に関する措置を会社が講ずることなどを定める必要があります。

> **一定の業務であることが必要**
>
> 裁量労働が認められるためには「専門業務」であることが必要で、その業務の対象は厚生労働省令で定められている。社内ルールで「専門」と考えても、厚生労働省令で定める業務に該当しなければ、裁量労働は認められないことに注意が必要である。

専門業務型裁量労働制を導入する際に労使協定で定める事項

1	対象業務の範囲
2	対象労働者の範囲
3	1日のみなし労働時間数
4	業務の遂行方法、時間配分などについて、従事する労働者に具体的な指示をしないこと
5	労使協定の有効期間(3年以内が望ましい)
6	対象業務に従事する労働者の労働時間の状況に応じた健康・福祉の確保措置
7	苦情処理に関する措置
8	⑥と⑦の措置に関する労働者ごとの記録を有効期間中と当該有効期間後3年間保存すること

・企画業務型裁量労働制

　企画業務型裁量労働制における企画業務とは、社内の事業運営にかかわる「企画・立案・調査・分析」にあたる業務のことです。たとえば、次のような業務がこれにあたります。
① 経営企画を担当する部署で、経営状態・経営環境などについて調査や分析を行い、経営に関する計画を策定する業務
② 人事・労務を担当する部署で、現行の人事制度の問題点などについて調査や分析を行い、新たな人事制度を策定する業務

　企画業務型の裁量労働制を導入する場合は、労働者と使用者の代表で構成する労使委員会を設置して、委員の多数（5分の4以上）の同意を得た上で、対象業務や労働者の範囲を定める必要があります。

　労使委員会の決議は、労働基準監督署に届け出なければなりません。届出が受理されれば、対象労働者が、労使委員会の決議で定めた時間に「労働した」とみなすことができます。

裁量労働制をめぐる法改正

平成27年1月に召集された通常国会では労働基準法の改正案が検討されている。おもな改正内容は以下のとおりである。
・フレックスタイム制の見直し
・企画業務型裁量労働制について対象労働者の健康確保措置の充実や手続きの簡素化等の見直しを行う
・特定高度専門業務・成果型労働制（高度プロフェッショナル制度）の創設
ただし、今国会中の成立については見送りとなっている。

PART3 12 変形労働時間制

労務の仕事の基本

労働時間を合理的に使うことができる

■ 変形労働時間制には3類型ある

業種の中には「土日だけ忙しい」「月末だけ忙しい」「夏だけ忙しい」などというように、時期や季節によって繁閑の差が激しい業種があります。このような業種の場合、忙しいときは労働時間を長くし、逆に暇なときは労働時間を短く、もしくは休日にするほうが合理的です。

このような事態に対応するための制度が、変形労働時間制です。変形労働時間制は一定の期間を通じて、平均して「1週40時間（44時間の特例あり）」の原則を守っていれば、期間内の特定の日や特定の週に、「1日8時間、1週40時間」を超えて労働させてもよいという制度です。労働基準法で認められている変形労働時間制には、以下の3種類があります。

・1か月単位の変形労働時間制
・1年単位の変形労働時間制
・1週間単位の非定型的変形労働時間制

■ 1か月単位の変形労働時間制

1か月以内の一定期間を平均して、1週間の労働時間が40時間を超えなければ、特定された日または週に法定労働時間を超えて労働させることができる制度です。たとえば、月初や月末だけ忙しくなる仕事のように、1か月の中で仕事量に繁閑のある業種や職種に適しています。

ただし、1か月単位の変形労働時間制をとるためには、労使協定または就業規則その他就業規則に代わるものによる、1か

年少者と変形労働時間

満15歳以上（満15歳になった日以後の最初の3月31日までの者を除く）18歳未満の者を変形労働時間制によって労働させることは原則としてできない。

1か月単位の変形労働時間制

労働基準法32条の2に1か月単位の変形労働時間制について規定されている。

1か月単位の変形労働時間制

対象期間	労働時間
1週目	36時間
2週目	34時間
3週目	42時間
4週目	42時間
4週間	154時間

3週目と4週目は法定労働時間をオーバーしているが、4週間の労働時間の合計が160時間（40時間×4週）以下なので時間外労働とはならない

月以内の一定の期間を平均し、1週間あたりの労働時間が法定労働時間を超えない旨の定めが必要です。

具体的には、以下の①〜⑤のような事項について、あらかじめ定める必要があります。

採用にあたっては、労使協定または就業規則などに定める事項をよく確認するようにしましょう。

① 1か月以内の一定の期間（変形期間といいます）とその期間の起算日
② 対象労働者の範囲
③ 変形期間の1週間平均の労働時間が40時間を超えない定め
④ 変形期間の各日、各週の労働時間
⑤ 各日の始業・終業時刻（労使協定による場合は「有効期間の定め」が必要になる）

注意点としては、就業規則に規定する場合には、「各日の始業・終業時刻」を規定する必要が生じます。また、労使協定による場合には、その協定の有効期間を定めなければならず、その協定を事業場の所在地を管轄する労働基準監督署に届け出る必要があります。

なお、変形期間について、法定労働時間の総枠を超えた時間

労使協定
128ページ参照。

を各週の所定労働時間として設定することはできませんので、注意が必要です。

変形労働時間制は法定労働時間制の変形であるため、特定の週、特定の日に、「週40時間、1日8時間」を超える労働時間が定められたとしても、超えた部分は時間外労働にはなりません。時間外労働になるのは、就業規則などに規定された所定労働時間を超えた場合か、あるいは、その週につき40時間またはその日につき8時間を超えた場合の時間についてです。

そのため、すでに時間外労働とされた時間を除いた変形期間の法定労働時間の総枠を超える時間も、時間外労働になります。時間外労働となる労働時間については、割増賃金の支払いが必要です。なお、1か月単位の変形労働時間制の対象期間は、1か月以下であればよく、1か月に限定されるわけではないため、たとえば4週間あるいは3週間といった期間でもかまいません。変形期間における法定労働時間の総枠は、以下の算式によって求めることができます。

> 法定労働時間の総枠＝1週間の法定労働時間×変形期間の日数／7

たとえば、変形期間が1か月、週の法定労働時間が40時間の事業所の例を挙げてみます。

1か月が30日の月の労働時間の総枠は171.4時間（＝40時間×30日÷7）です。そのため、1か月が31日の月の場合は、177.1時間（＝40時間×31日÷7）、同じく1か月が28日の月の場合は、160時間（＝40時間×28日÷7）となります。

■ 1年単位の変形労働時間制

業種によっては、夏に消費者の需要が集中するため忙しいものの、それを過ぎれば急激に仕事量が減るなど、数か月単位で

1年単位の変形労働時間制

労働基準法32条の4に1年単位の変形労働時間制について規定されている。

1年単位の変形労働時間制の労働日数・労働時間の限度

対象期間中の労働日数の限度	「280日 × 対象期間の日数 ÷ 365」の日数（対象期間が3か月超1年未満の場合）
労働時間の限度	1日10時間以内、1週52時間以内
連続労働日数の限度	6日間（原則）

繁閑を繰り返す事業もあります。そこで、1か月よりも長い期間（1か月を超え1年以内の期間）を単位として、それぞれの事業所の業務形態にあわせた所定労働時間を設定することを可能にしたのが、1年単位の変形労働時間制です。1年単位の変形労働時間制を採用することで、労働時間を効率的に活用することができ、また、同時に労働時間の短縮もはかることができます。

1年単位の変形労働時間制を採用するには、労使協定により一定の事項を定めなければなりません。この労使協定は所轄労働基準監督署に提出する必要があります。

労使協定に定める事項には、以下のようなものがあります。

① 対象労働者の範囲
② 対象期間
③ 特定期間
④ 対象期間における労働日と労働日ごとの労働時間
⑤ 対象期間の起算日
⑥ 労使協定の有効期間

①の対象労働者の範囲に制限はありませんが、対象期間の途中で退職した者などについては、労働時間を再計算して割増賃金を支払わなければならない場合があります。また、途中入社の

労働時間の上限

1年単位の変形労働時間制の労働日数は、対象期間が3か月を超える場合は1年あたり280日が限度となる。一方、労働時間は対象期間の長さに関係なく、1日あたり10時間、1週あたり52時間が限度となる。また、対象期間が3か月を超えるときは、対象期間中の労働時間が48時間を超える週が連続する場合の週数が3以下で、かつ、対象期間を初日から3か月ごとに区切った各期間において労働時間が48時間を超える週の初日の数が3以下であること、という制限がある。

連続労働の日数

対象期間において連続して労働させることができる日数の限度は6日である。ただ、特定期間（とくに忙しいとき）については、1週間に1日の休日が確保できればよいとされているので、最長で連続12日間労働させることができる。

者についても、割増賃金の支払いが必要になる場合があります。

②の対象期間は「1か月を超え1年以内」の期間になります。事業所の事情にあわせて、たとえば、3か月、10か月、120日といった期間を自由に設定することができます。

③の特定期間は、対象期間の中で業務が忙しくなる期間のことです。この期間内は、1週間に1日の休日確保で足りるとされています。

④については、労使協定の中で対象期間のすべての日の労働時間をあらかじめ定めておくのが原則です。ただ、対象期間を1か月以上の期間ごとに区分する場合には以下の事項を定める必要があります。

ⓐ対象期間の初日の属する期間の労働日と労働日ごとの労働時間
ⓑⓐの期間以外の期間における労働日数と総労働時間

なお、最初の期間を除く各期間については、各期間の初日の少なくとも30日前に、その事業所の労働組合などの同意を得て、各期間の労働日と労働日ごとの労働時間を特定する必要があります。また、対象期間が長く、あらかじめ先々の業務の繁閑の程度を予測できない場合は、3か月以上の期間で区切り、最初の期間の所定労働日ごとに労働時間を決め、残りの期間については労働日と総労働時間を定めておく方法も許されます。

■ 1週間単位の非定型的変形労働時間制

旅館や料理店、行楽地にある売店などのように、日によって繁閑に差があり、就業規則などで各日の労働時間を特定することが困難な職場があります。このような事業所の場合、1週間を単位として日によって所定労働時間を調整する方法を採ることが効率的です。

そこで、特定の業種で、一定規模以下の事業所については、1週間の所定労働時間が40時間以内であれば、1日の労働時間を10時間まで延長できることにしました。この制度が1週間単

休日の振替
1年単位の変形労働時間制を採用している会社に予期しない事情が生じ、やむを得ず休日の振替を行わなければならない場合、同じ週内に限り休日の振替を行うことができる。ただし、予期しない事情があっても異なる週に休日を振り替えることはできない。

1週間単位の非定型的変形労働時間制
労働基準法32条の5に1週間単位の非定型的変形労働時間制について規定されている。

1週間単位の変形労働時間制

● 1週間単位の変形労働時間制を採用するための要件

● 1週間単位の変形労働時間制の例

	日	月	火	水	木	金	土	合計
第1週	6	4	4	定休日	6	10	10	40
第2週	定休日	5	4	6	7	9	9	40

位の非定型的変形労働時間制です。1週間単位の非定型的変形労働時間制を採用することができるのは、ⓐ小売業、ⓑ旅館、ⓒ料理店、ⓓ飲食店のうち常時30人未満の労働者を使用する事業です。

1週間単位の非定型的労働時間制を導入するには、次の2つの事項について労使協定を締結し、所轄労働基準監督署に届け出る必要があります。

① 1週間の所定労働時間を40時間以内で定めること
② 1週間に40時間を超えて労働した場合には割増賃金を支払うこと

事業主は、原則として、1週間単位の非定型的変形労働時間制で働く労働者に対して、1週間の各日の労働時間をその1週間が開始する前に書面で通知しなければなりません。

PART3 13 フレックスタイム制

労務の仕事の基本

就業規則などに制度を定めて労使協定を結ぶ

> **フレックスタイム制**
> 労働基準法32条の3にフレックスタイム制について規定されている。

■ 1日の始業と終業の時刻を選択することができる

　事業の内容によっては、労働者が自分で出退勤の時刻を決める方法が適している場合があります。このような事業で有効となる制度がフレックスタイム制です。フレックスタイム制は、あらかじめ1か月以内の一定の期間（清算期間といいます）の総労働時間を定めておき、労働者がその範囲内で各日の始業と終業の時刻を選択することができる制度です。フレックスタイム制を導入する場合、事業所の労働者全員が必ず労働しなければならない時間帯を設けるのが一般的です。この時間帯のことをコアタイムといいます。一方、コアタイムの前後の一定の範囲で、労働者が自由に始業時刻と終業時刻を選択できる時間帯を、フレキシブルタイムといいます。

　フレックスタイム制を採用した場合、清算期間を平均して1週間あたりの労働時間が法定労働時間（原則は40時間、44時間の特例あり）を超えなければ、1週間または1日の法定労働時間を超えて労働させても割増賃金を支払う必要はありません。一方、清算期間を平均して法定労働時間をオーバーして働いている労働者に対しては、オーバーした部分については割増賃金を支払う必要があります。

　なお、清算期間における実際の労働時間が労使協定で定めた総枠を上回っていた場合、過剰した部分の賃金についてはその期間の賃金支払日に支払わなければなりません。支払いを翌月に繰り越すことは賃金の全額払いの原則に反する違法行為です。逆に、清算期間における実際の労働時間が労使協定で定めた総

枠を下回っていた場合、その期間の賃金を支払った上で支払不足している労働時間を次の期間に繰り越す（ただし、不足分を加えた翌月の総労働時間が法定労働時間の総枠の範囲内であることが必要）ことが可能で、不足分に相当する賃金をカットして支払うこともできます。

■ フレックスタイム制を採用するには

フレックスタイム制を採用する場合、労使協定で、①フレックスタイム制が適用される労働者の範囲、②清算期間（1か月以内）、③清算期間内の総労働時間、④標準となる1日の労働時間、⑤コアタイムを定める場合はその時間帯、⑥フレキシブルタイムを定める場合はその時間帯について定めておくことが必要です。③の総労働時間は、1か月単位の変形労働時間制と同じ計算方法で求めます。フレックスタイム制により、労働者は自分の都合で働くことができますが、必ずしも業務の繁閑にあわせて勤務するとは限りません。さらに、コアタイムでない限り出社時刻や退社時刻を指示できないため、会社の意思と合致しない場合があるなどのデメリットもあるため、中には導入を廃止する会社もあります。

なお、フレックスタイム制については、労使間で締結した労使協定の労働基準監督署への届出は不要です。

総労働時間の計算方法

フレックスタイム制の総労働時間の計算方法は、1か月単位の変形労働時間制の変形期間における法定労働時間の総枠と同様に、以下の算式によって求める。
法定労働時間の総枠＝1週間の法定労働時間×変形期間の日数／7

PART3
14 法定休日と休日労働

労務の仕事の基本

最低限必要な休日が定められている

■「週1日の休日」が労働基準法の原則である

毎週決まった日にとるのが休日だと考えている人も多いと思いますが、労働基準法の定める休日は少し異なります。労働基準法は「使用者は、労働者に対して、毎週少なくとも1回の休日を与えなければならない」と定めているだけで、とくに曜日の指定はありません。

しかし、「毎週日曜日」など、曜日を決めて休日とするのが望ましいといえます。多くの会社では、就業規則の中で「○曜日（たいていは日曜日）を休日にする」と定めています。就業規則で休日の曜日を決めておけば、それが労働契約の内容となるため、使用者が勝手に休日の曜日を変更することはできません。

最近では、週休2日制もかなり一般的になってきました。労働基準法は週休2日制にしなければならないとは規定していませんが、1日8時間労働であれば5日で40時間です。1週40時間制の労働基準法は週休2日制の実現をめざすという考え方に基づいています。

■ 変形週休制とは

労働者に対する休日の与え方としては、毎週1日の休日を与える方法の他、4週を通じて4日以上の休日を与える方法もあります。これを変形週休制といいます。

変形週休制では休日のない週があってもよく、また、どの週のどの日を休日にするということを具体的に就業規則で決めておく必要もありません。結果として、労働者に4週で4日の休

管理職と法定休日

実態上管理職にある労働者には週1回の法定休日付与というルールが適用されない（労働基準法41条）。実態上、管理職にある者の場合、勤務時間・勤務形態について裁量があるため、自己管理で休みを取ることができる。

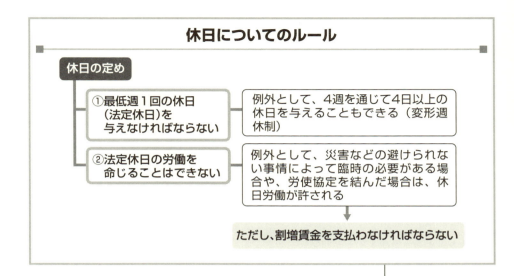

日が与えられていれば問題ありません。たとえば、第1週が1日、第2週がゼロ、第3週が2日、第4週が1日、というような休日の与え方も認められています。

■ **労働基準法は法定休日の労働を禁じている**

　労働基準法では、原則として休日労働を禁止しています。週1日の休日または4週4日の休日（変形週休制が採用されている場合）は、労働者が人間らしい生活をするために最低限必要なものだといえるためです。

　一方、週休2日制を採用している場合、2日の休みのうち1日は労働基準法上の休日である法定休日ではないため、どちらかの日に仕事をさせても違法な休日労働にはなりません。使用者は法定休日の労働には割増賃金を支払わなければなりませんが（労働基準法37条）、たとえば、週休2日制の場合の土曜日のように「就業規則で休日としているが法定休日ではない日」の労働については、休日労働として割増賃金を支払う義務はありません。

変形週休制の規制

会社は変形週休制により、労働者に休日を与える場合には、就業規則その他これに準ずるものにおいて、4日以上の休日を与えるとする4週間の起算日を明らかにしなければならない（労働基準法施行規則12条の2）。
また、常時10人未満の労働者数の企業で変形週休制を導入したときには、労働者に周知させることが必要である。

振替休日と代休

PART3 15 労務の仕事の基本

労働基準法は最低限必要な休日を定めている

■ 休日労働が許される場合もある

使用者は、災害などの避けられない理由によって臨時の必要がある場合、または、休日労働に関する労使協定を結んだ場合に、労働者に対して休日労働を命じることができます。ただし、休日労働をさせた場合、本来の賃金の他、35%以上の割増賃金を支払わなければなりません。公務員については、「公務のため臨時の必要がある場合」についても、休日労働・時間外労働をさせることができます（労働基準法33条3項）。

■ 代休と振替休日の違い

たとえば、使用者が「日曜に出勤してほしい。その代わり翌月曜日は休んでよい」という命令を出すとします。この場合、月曜日が振替休日であれば割増賃金の支払義務が生じないのに対して、代休の場合は支払義務が生じます。

振替休日とは、事前に就業規則などであらかじめ決められた休日を他の労働日と入れ替えることです。つまり、あらかじめ休日と定められていた日に労働し、その代わりに他の労働日を休日とします。元々の休日は労働日となるため、休日労働とはなりません。

一方、代休とは、法定休日に労働させたことを前提とした、もともとの休日に出勤させ、使用者がその代償として事後に与える休日です。したがって、代休には割増賃金の支払義務が生じます。その代わり、使用者は代休を与える義務は法的にはありません。

振替休日と代休の違い

	振替休日	代休
意味	あらかじめ休日と労働日を交換すること	・休日に労働させ、事後に代わりの休日を与えること ・使用者には代休を与える義務はない
賃金	休日労働にはならないので通常の賃金の支払いでよい	休日労働になるので割増賃金の支払いが必要
要件	・就業規則等に振替休日の規定をする ・振替日を事前に特定 ・振替日は原則として4週の範囲内 ・遅くとも前日の勤務時間終了までに通知	・とくになし。ただし、制度として行う場合には就業規則などに具体的な記載が必要

　振替休日制度を導入するには、次の要件が必要です。①就業規則などに、「業務上必要が生じたときには、休日を他の日に振り替えることがある」旨の規定を設ける、②あらかじめ、休日を振り替える日を特定しておく、③遅くとも前日の勤務時間終了までには、当該労働者に通知しておく、ことです。事前に休日の振替えをしなかった場合は、休日に労働させた事実は消えず、振替休日にはできません。使用者が振替命令を出すには、労働協約や就業規則に規定されているか労働者が事前に同意しているかのいずれかが必要です。さらに1週1日または4週4日の休日が確保されることも必要です。

　代休の場合は、恩恵的な休養のため、無給でもかまいませんが、就業規則で明確にしておく必要があります。

　なお、休日勤務は割増賃金の支払をめぐってトラブルになる場合があるため、「休日勤務届出書」「代休請求願」「振替休日通知書」などの書面を利用して、労働日数の管理を徹底させるのがよいでしょう。

労働協約
128ページ参照。

就業規則
122ページ参照。

PART3 16

労務の仕事の基本

年次有給休暇

半年に全労働日の8割以上出勤すると10日間の有給休暇がとれる

■ 年次有給休暇とは

年次有給休暇とは、1週1日（あるいは4週で4日）の休日以外の休みで、給料が支払われる休暇のことで、年休、有給ともいいます。有給休暇を与えることは、労働基準法で会社の義務として定められています。年次有給休暇などの休暇に関しては、就業規則で定めることになっています。

年次有給休暇の権利を得るには、いくつかの条件があります。原則として、①採用されてから半年以上継続して勤務していること、②過去1年（採用されて半年以上1年未満の場合はその間）の全労働日の8割以上出勤したこと、が必要です。

この2つの条件を満たせば、定められた日数の年次有給休暇が自動的に与えられます（労働基準法39条）。なお、使用者は労働者が年休をとったことを理由にして、賃金や査定で労働者にとって不利な判断をすることが禁止されています。

年次有給休暇は、労働者の勤続状況によって段階を経て優遇されていくシステムです（労働基準法39条1項～3項）。原則として、6か月間継続して勤務し、全労働日の8割以上出勤した者に対して、10日間の年次有給休暇が与えられます。その後は、1年6か月を経過すると11日、2年6か月で12日となり、1日ずつ増えて行きます。そして、3年6か月経過した段階から2日ずつ加算され、6年6か月を経過した時点で上限の20日に到達します。

なお、消化できなかった休暇は翌年に繰り越すことができますが、時効は2年のため注意が必要です（労働基準法115条）。

休暇とは

休日以外の休みのことを休暇という。慶弔休暇、夏期休暇、年末年始休暇などのこと。これらの休暇は、就業規則で定めることになっている。労働基準法で規定しているのは、年次有給休暇（年休、有給）である。

入社日に関する取扱い

入社日は労働者ごとに異なることも多く、個々の労働者ごとに休暇の付与を行うと、付与日数や消化日数の管理が複雑になる。そのため、年休を付与する基準日を設定し、管理上の負担を軽減するという対応（一斉一的取扱いという）を取ることが認められている。
実務上は毎年4月1日、または10月1日を基準日として全労働者に一斉に年休を付与するケースが多い。

有給休暇取得日数

労働日数＼継続勤続年数	0.5	1.5	2.5	3.5	4.5	5.5	6.5以上
①一般の労働者、週の所定労働時間が30時間以上の短時間労働者	10	11	12	14	16	18	20
②週の所定労働時間が30時間未満の労働者							
週の所定労働日数が4日または1年の所定労働日数が169日〜216日までの者	7	8	9	10	12	13	15
週の所定労働日数が3日または1年の所定労働日数が121日〜168日までの者	5	6	6	8	9	10	11
週の所定労働日数が2日または1年の所定労働日数が73日〜120日までの者	3	4	4	5	6	6	7
週の所定労働日数が1日または1年の所定労働日数が48日〜72日までの者	1	2	2	2	3	3	3

■ 労働者は時間単位の休暇を要求することができる

年次有給休暇の単位である「労働日」とは、原則午前0時から午後12時までの暦日です。もともとは社員のリフレッシュを目的に定められた制度のため、年次有給休暇は基本的に暦日または半日単位で与えることが原則でした。

しかし、労働者の要望もあり、2010年の法改正で時間単位の取得が可能になりました。ただし、時間単位の取得を行うには、労使協定で、①対象労働者の範囲、②年間の時間単位有給日数、を定める必要があります。時間単位の取得は、あくまでも労使が話し合って決めた範囲での取得を許可する形になります。

■ 有給休暇の申し出があれば使用者は休暇を拒否できない

労働者が有給休暇をとろうと思ったときは、「いつからいつまで有給休暇をとります」と具体的に休む時期を使用者に申し出るだけで足ります。原則として、労働者が使用者に申し出た日がそのまま有給休暇の日になります。これを労働者の持つ権利である「時季指定権」といいます（労働基準法39条5項）。

「全労働日の8割以上出勤した」といえる場合

「全労働日の8割」を計算するにあたって、以下の場合は出勤したものとみなされる。
①業務上の負傷または疾病による療養のために休業した期間（労働基準法39条8項）
②産前産後の休業（労働基準法39条8項）
③育児・介護休業法による育児と介護休業（労働基準法39条8項）
④年休をとった日

■ 基準日の設定と分割付与

年次有給休暇は、入社後半年経過した時点で10日付与し、その後1年を経過するごとに、設けた基準日に従って一定日数を付与するしくみです。

ただし、新入社員など初年度の社員については、法定の年次有給休暇の付与日数を一括して与えず、その日数の一部を法定の基準日以前に付与することができます（分割付与）。

斉一的取扱いや分割付与が認められるためには、①年次有給休暇の付与要件である8割出勤の算定において、短縮された期間は全期間出勤したものとみなすこと、②次年度以降の年次有給休暇の付与日について、初年度の付与日を法定の基準日から繰り上げた期間と同じまたはそれ以上の期間を法定の基準日より繰り上げること、の要件を満たすことが必要です。

■ 使用者は時季変更権を行使できる場合がある

労働基準法では、両者の調整を図って、労働者が請求した時季に休暇を与えると事業の運営に支障をきたすという場合には、使用者は他の時季に振り替えを命じることができます。これが、使用者の時季変更権です。事業の運営に支障をきたす場合とは、労働者の所属する事業場を基準にして、事業の規模、内容、当該労働者の担当する作業の内容、性質、作業の繁忙、代行者の配置の難易、他の年休請求者の存在など、さまざまな状況を総合的に考慮して判断します。ただし、単に人手不足である、業務が忙しいという理由だけで会社が年休を与えないことは許されないと考えられています。

■ 計画年休導入にもメリットとデメリットがある

年休のうち5日を超える分については、使用者は労働者個人の意思にかかわらず労使協定で決めた日を有給休暇の日と定めることができます。これを年休の計画的付与といいます。

退職直前の有給休暇の取得

当然のことながら、他に変更できる日はなく、時季変更権を行使することができない。したがって、本人の請求する時季に年次有給休暇を与えなければならない。

なお、退職時に未消化の有給休暇を買い上げることも可能だが、買い上げることを理由に有給休暇の請求を拒否することはできない。

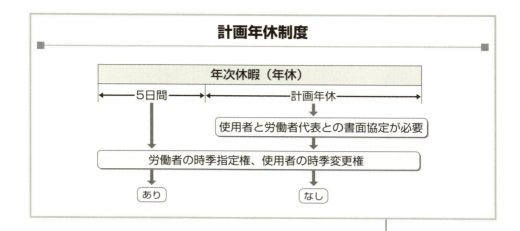

　年休の計画的付与の方法として、①事業場全体の休業による一斉付与方式、②グループ別の付与方式、③年休付与計画表による個人別付与方式の３つがあります。この制度を活用すれば、使用者側には年休の日程を計画的に決めることができるというメリットがあります。また、労働者側にも、忙しい環境に置かれ、年休を取りにくい職場の雰囲気の中でも有給休暇が取りやすくなり、年休の取得率が向上し、労働時間の短縮につながるというメリットがあります。一方で、希望日を自由に有給休暇に指定することができなくなるというデメリットもあります。

■ 年休は買い上げることができる

　年休は法律に基づいて労働者に与えられた権利で、もともとは労働者が休息し、疲労を回復させるために与えられるものです。そのため、使用者が年休を労働者から買い上げて、労働者の年休の日数を減らす場合や、労働者から請求された日数の休暇を与えない場合は、労働基準法違反になります。

　ただ、取得されないまま時効を迎える年休を消滅時に買い上げるなど、例外として労働者が不利益を被らない場合には、使用者が年休を買い上げることができます。

年休の計画的付与と時季変更権

労使協定によって年休の計画的付与を決めた場合には、労働者の時季指定権・使用者の時季変更権はともに使えなくなる。計画的付与を導入するには、労使協定を締結しなければならない。労使協定の届出は不要である。

年休を買い上げることができる場合

以下の場合には、労働者に不利益が生じないため、会社が年休を買い上げることが認められている。
①取得後２年が経過しても未消化の日数分
②退職する労働者が退職する時点で使い切っていない日数分
③法定外に付与した日数分

PART3 17 賃金

労務の仕事の基本

労働の対償として使用者が労働者に支払うすべてのもの

■ 賃金とは何か

「賃金」というと、「給料」そのものをさすと考えるのが一般的です。

しかし、労働基準法上の賃金とは給料だけでなく、もっと広い意味をもち、「賃金、給料、手当、賞与その他名称の如何を問わず、労働の対償として使用者が労働者に支払うすべてのもの」とされています（労働基準法11条）。

賃金には、実際に行った労働の直接の対価だけではなく、家族手当、物価手当のように生計を補助する目的のものや、通勤手当のように労働の提供をよりよくさせるためのもの、また休業手当や年次有給休暇中の賃金のように実際には労働しなくても法により支払いが義務づけられているものも含まれます。就業規則などに記載された基本給の他、役職手当、時間外手当、家族手当、住宅手当も賃金にあたります。また、賞与や退職金は、労働協約、就業規則、労働契約によってあらかじめ支給の条件が決められていれば、使用者に支払いが義務づけられることになるので賃金です。

さらに、結婚祝金、出産祝金、病気見舞金、災害見舞金、近親者死亡の際の弔慰金などの使用者が任意的、恩恵的に支払うものも、就業規則などに明確な支給条件が規定されていれば、賃金とみなされます。

■ 最低賃金とはどのようなものか

賃金の額は使用者と労働者との合意の下で決定されるもので

賃金と報酬

法律によって給与の範囲が異なる場合がある。おおまかにいうと、労働基準法では給与の範囲を広くとっている。しかし、労働保険（労災保険の保険料は全額事業主負担のため、従業員の給与からは何も控除しない）、社会保険（健康保険と厚生年金保険は給与の範囲が同じ）、源泉所得税では少しずつ給与の範囲が異なる。

最低賃金の種類

①地域別最低賃金、②特定最低賃金（従来の産業別最低賃金）がある。どちらも都道府県ごとに設定されており、ほぼ毎年改正されている。原則として地域別最低賃金が適用されるが、特定最低賃金と競合する場合は、一般に、金額の高い特定最低賃金が優先して適用される。

労働基準法で賃金とされているものの範囲

賃金の定義	賃金、給料、手当、賞与その他名称のいかんを問わず、労働の対償として使用者が労働者に支払うすべてのもの	
	賃金となるもの	**賃金とならないもの**
具体例	・退職金、結婚祝金など、労働契約、就業規則、労働協約などによってあらかじめ支給条件の明確なもの（例外） ・祝祭日、労働者の個人的吉凶禍福に対して支給されるもので、前例または慣例によってその支給が期待されているもの（例外） ・事業主の負担する労働者の税金、労働保険料、社会保険料 ・スト妥結一時金 ・現物支給として労働者に渡す「通勤定期券」 ・労働基準法第26条の休業手当 ・仲居さんが使用者の手を介して再分配されて受けるチップ（例外） ・社宅の利用代金を徴収する場合、徴収金額が実際費用の3分の1以下であるときは、徴収金額と実際費用の3分の1との差額部分については賃金とみなされる（例外）	・結婚祝金、死亡弔慰金、災害見舞金等の恩恵的給付（原則） ・祝祭日、会社の創立記念日または労働者の個人的吉凶禍福に対して支給されるもの（原則） ・制服、作業衣など、業務上必要な被服の貸与 ・出張旅費 ・法定額を超えて支給される休業補償費 ・役職員交際費 ・仲居さんなどが客から受けるチップ（原則） ・社宅の貸与、給食などの福利厚生施設（原則） ・福利厚生のために使用者が負担する生命保険料などの補助金

すが、景気の低迷や会社の経営状況の悪化などの事情で、一般的な賃金よりも低い金額を提示する使用者がいないとも限りません。そのような場合、賃金をもらって生活をしている労働者の立場では、提示額をそのまま受け入れざるを得ないという状況になり、苦しい生活環境を強いられることが考えられます。そこで、国は最低賃金法を制定し、賃金の最低額を保障することによって労働者の生活の安定を図っています。最低賃金法の対象となるのは労働基準法に定められた労働者であり、パートタイマーやアルバイトも当然に含まれます。たとえば、個別の労働契約で、最低賃金法を下回る賃金を設定していたとしても、その部分は無効であり、最低賃金法の賃金額で契約したものとみなされます。もし、最低賃金法未満の賃金しか支払っていない期間があれば、事業者はその差額をさかのぼって労働者に支払わなければならなくなります。

最低賃金の減額特例

試用期間中の者や、軽易な業務に従事している者、一般の労働者と比べて著しく労働能力の低い労働者などについては、都道府県労働局長の許可を得ることによって最低賃金額を下回る賃金を設定することができる。

PART3 18 平均賃金

労務の仕事の基本

休業手当や減給制裁の制限額などの算定基準となる

■ 平均賃金とは何か

　何らかの事情で働けない、あるいは働かない期間であっても、賃金が支払われる場合があります。たとえば有給休暇を取得した場合や、労災事故などによって休業した場合などがこれにあたります。

　この場合、その期間の賃金の額は会社側が一方的に決めるのではなく、労働基準法の規定に基づいて1日の賃金額を算出し、これに期間中の日数を乗じた額とします。その基準となる1日の賃金額を、労働基準法上では「平均賃金」と呼びます。

　労働基準法12条によると、平均賃金の算出方法は「算定すべき事由の発生した日以前3か月間にその労働者に対し支払われた賃金の総額を、その期間の総日数で除した金額」とされています。

　これは、できるだけ直近の賃金額から平均賃金を算定することにより、労働者の収入の変動幅を少なくするためです。

　たとえば、月給制で雇用されている人の場合、基本給が支払われるため、おそらく、おおむね1年間は同額の賃金になるはずです。しかし、実際には時間外勤務や、遅刻や早退による控除などがあるため、月々の支給額は同じではなく、変動するのが現状です。このため、「算定すべき事由の発生した日」を起点として平均賃金を算定するようになっています。

■ どのような場合に使うのか

　平均賃金は、次のような場合に使用されます。

休業とは

労働契約上、労働義務があるのに、その時間に労働できなくなることを休業という。

平均賃金算定に関する注意点

平均賃金算定の対象になる「3か月」という期間とは、暦の上での日数のことである。たとえば算定すべき事由の発生した日が10月15日で、その前日から計算する場合、10月14日～7月15日までの計92日間ということになる。
ただし、この3か月の間に、ⓐ労災による休業期間、ⓑ産前産後の休業期間、ⓒ使用者の都合による休業期間、ⓓ育児・介護休業期間、ⓔ試用期間のいずれかに該当する期間がある場合は、その期間の日数は除く。

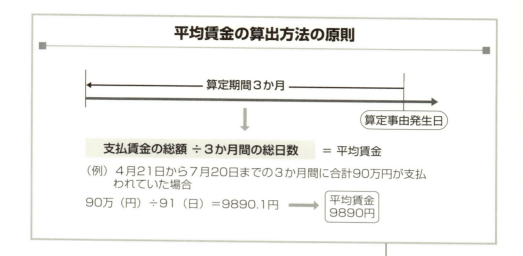

まず、労働者が年次有給休暇を取得する場合、使用者は労働者に賃金を支払わなければなりません。その金額は原則として、就業規則等の定めに従い、平均賃金または所定労働時間労働した場合に支払われる通常の賃金（賃金を時間によって定めている場合であれば「時間給×その日の所定労働時間数」、日によって定めている場合であれば日給が支払われる）を用いて算定します（同法39条）。

また、労働者に対して懲戒処分として減給を行う場合の額については、1回の処分につき平均賃金の1日分の半額を超えてはならず、1か月を合計して賃金総額の10分の1を超えてはならないという制限が設けられています。

■ 起算日に注意する

平均賃金は、原則として、「算定すべき事由の発生した日」以前の3か月の間に支給された賃金を元に計算するわけですが、その起算日が1日でも異なった場合、金額が変わってしまうので注意が必要です。

平均賃金を用いるケース

次のような場合に使用される。
・解雇を予告するとき
・休業手当を支給するとき
・年次有給休暇を取得するとき
・災害補償をするとき
・懲戒処分の減給額の基準

年次有給休暇

154ページ参照。

PART3
19

労務の仕事の基本

賞与

支給要件や支給額をあらかじめ決めておく

■ 会社には原則として賞与支払義務はない

多くの会社では、毎年決まった時季（たいていは夏季と冬季の年2回）に従業員（労働者）に対して賞与を支給しています。

しかし、賞与は必ず支給しなければならないものではありません。また、賞与を支給する会社では、就業規則などにその旨を定める必要があります。

逆に、就業規則、労働協約、労働契約（労働者が労働力を提供し、使用者がその労働力に対する対価を支払うことを約した契約のこと）などにより、賞与の支給時期や計算方法が定められている場合は、会社として労働者に賞与を支払うことが労働契約の内容に含まれているため、労働者は会社に賞与を請求することができます。

また、賞与の支払条件については、使用者が自由に決定できます。賞与の支給額は、その会社の業績によって変動する場合が多いようです。

また、賞与は、過去の労働に対する報酬という意味合いがあるといわれています。したがって、査定対象期間の締切日以後に査定を行い、金額を決める必要があるため、通常、賞与の支給日は査定対象期間の少し後になります。

また、「賞与はその査定対象期間の在籍者に支給する」という規定がある場合には、査定対象期間に在職していて支給日前に退職したような労働者に対しても賞与を支給する必要があります。

この他にも、その会社の慣行として支給時期や最低支給割合

労働協約
労働組合と使用者との間で結ばれる労働条件などについての書面による取り決めのこと。

大和銀行事件
最高裁昭和57年10月7日。賞与の支給対象者を賞与の支給日に在籍する者に限るとする就業規則の合理性を認めた例。

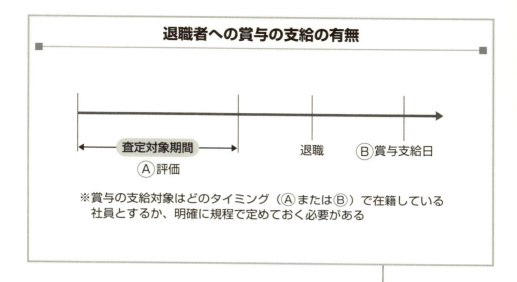

などが決められており、過去に退職者に支払った実績がある場合には、退職した労働者に対しても賞与支給の必要があります。判例には、支給日が例年よりも大幅に遅れた場合において、支給日の在籍者のみを支給対象者とすることに合理性がないとして、退職した労働者に賞与の請求権を認めたケースもあります。

■ 支給対象者をどのように決めればよいのか

賞与を支給するにあたっては、あらかじめ就業規則や社内規程に「冬季賞与は○月○日から○月○日まで、夏季賞与は○月○日から○月○日までをそれぞれその算定対象期間とする」などというように、対象となる勤務期間を定めておきます。

この勤務期間が、賞与を支給するための成績査定の査定対象期間となります。使用者は、期間中の各人の勤務ぶりや出勤率を査定した上で、賞与の金額を決めることになります。

賞与の支給対象者の要件は、会社によってさまざまです。会社の中には、「査定対象期間のうち8割以上出勤した者をその支給対象者とする」といった場合もあります。

退社した労働者と賞与

給与は、今後の労働意欲の向上発展に対する期待という意味合いがあるといわれている。したがって、自己都合で辞めたり、解雇されたことにより、賞与支払日に在籍していない人に対しては支給しない場合も多い。
賞与の支払対象を在職者に限定する場合は、就業規則や社内規程に「賞与は、その支給日に在籍している社員に支給する」という賞与についての規定を定めるとよい。

PART3 20

労務の仕事の基本

割増賃金

残業などに対し所定の割増賃金の支給が義務づけられている

■ 割増賃金とは

使用者は、労働者の時間外・深夜・休日労働に対して、通常の労働時間または労働日の賃金計算額の25％～50％以下の割増率の範囲内で上乗せした割増賃金の支払義務を負います（労働基準法37条）。

割増率の詳細は、1日8時間、週40時間の法定労働時間を超えて労働者を働かせた時間外労働の場合は、25％以上となっています（月60時間を超える場合には50％以上、165ページ）。また、午後10時から午前5時までの労働（深夜労働といいます）についても、同様に25％以上です。

なお、時間外労働と深夜労働が重なった場合は、2つの割増率を足すことになり、割増率は50％以上になります。また、1週1日以上または4週4日以上と定められている法定休日に労働者を働かせた場合は、休日労働として35％以上の割増率となります。そして、休日労働と深夜労働が重なった場合、割増率は60％以上となります。

割増賃金の制度は、使用者に経済的負担を強いることによって、8時間労働制を守るブレーキの役割を果たしているといえます。また、過重な労働に対する労働者への補償の意味をもつものともいえるでしょう。

なお、時間外労働・休日労働をさせるには、三六協定の締結・労働基準監督署への届出が必要になりますが、三六協定の締結・届出をしないまま、違法に時間外労働をさせた場合でも、割増賃金の支払義務は当然に発生します。また、法律に違反し

三六協定

労働者に残業をさせる場合に提出しなければならない協定。労働基準法上、特別な場合を除き、労働者に残業をさせることはできないが、所定の手続きを行った企業に限って、その企業の使用者は労働者に残業させることができる。この手続きが三六協定の「締結」と「届出」である。労働基準法36条に規定があるため、この名称がついた。
三六協定は、他の労使協定と異なり、「締結」だけでは免罰効果が発生せず、「届出」をしてはじめて免罰効果が発生する。

賃金の割増率

時間帯	割増率
時間外労働	25％以上
時間外労働（月60時間を超えた場合）	50％以上 ※
休日労働	35％以上
時間外労働が深夜に及んだとき	50％以上
休日労働が深夜に及んだとき	60％以上

※労働時間が1か月60時間を超えた場合に支払われる残業代の割増率については、当分の間、中小企業には適用が猶予される。

て年少者に対して時間外労働をさせた場合も、同様に使用者に対して割増賃金の支払義務が発生します。

割増賃金の計算方法は、労働者に支払う賃金を時間あたりの額（時間単価）に換算し、その額に割増率を掛けて算出する「時間計算方式」が一般的です（167ページ図参照）。

■ 時間外勤務手当とは

時間外労働の割増賃金が発生するのは、法定労働時間を超えた場合です。したがって、会社の所定労働時間が7時間と定められている場合に8時間の労働をさせたとしても、延長した1時間については、賃金規程などで別段の定めがない限り、労働基準法上では割増賃金を支払う必要はありません。

たとえば、午前9時から午後5時までが就業時間で、その間に正午から午後1時までの1時間を休憩時間としているような会社の場合です。このケースでは、午後5時の終業時刻の後の午後6時まで1時間の残業をさせたとしても、その1時間分については、割増率を上乗せする前の時間単価分を残業手当として支給すれば足ります。

休憩時間
133ページ参照。

ただ、この残業させた1時間について、割増率分を上乗せして賃金を支払う場合は、労働者に対して有利な結果となるため、会社が独自に決めることが許されています。

■ 休日勤務手当とは

休日労働については、会社の就業規則などで別段の定めがある場合を除き、法定休日に労働させたときは割増賃金を支払う義務が発生します。

したがって、就業規則などで法定休日以外の土曜日や祝祭日などを会社休日と定めておいた場合は、労働基準法上は、休日勤務としての割増賃金を支払う必要はありません。

ただし、法定休日以外の会社休日の労働が週40時間を超える場合は、時間外手当の割増分が必要です。

法定休日か法定外休日かで休日割増を支払う義務が変わることになるため、就業規則で休日を定める際には、法定休日を明確にしておくことが望ましいといえます。

■ 深夜勤務手当とは

深夜勤務についての規定は厳しく、労働基準法における労働時間、休日、休憩時間の規定が適用除外となる監視に従事する者や断続的労働に従事する者、管理監督業者についても、深夜に勤務させた場合の割増賃金は支払わなければなりません。

■ 割増賃金の支払いに代えて支払う代替休暇とは

時間外労働をさせた場合、通常の賃金に加え、割増賃金の支給が必要です。とくに、1か月に60時間を超える時間外労働をさせた場合、労働基準法では通常の賃金と比較して150％以上の賃金を支払うことが必要とされています。

ただし、労働者の健康を確保するという観点から、長時間労働の代償として割増分の残業代の支払いとは別に休暇を付与す

法定休日と法定外休日

労働基準法で定められた毎週1日（または4週間につき4日）の休日のことを法定休日という。
法定休日以外で会社の休日とされている日を法定外休日という。たとえば、土曜日と日曜日が休日の会社の場合、このうちのどちらか1日が法定休日で、残りの休日は法定外休日となる。

会社休日

労働の義務がない日のこと。

休日割増

法定休日に仕事をした場合には、通常の時間単価の賃金に35％割増の賃金を支払わなければならない。法定休日ではなく法定外休日に出勤した場合には、通常の時間外労働と考えられるため、25％割増の賃金を支払えば足りる。

断続的労働に従事する者

役員専用自動車運転手や1日の交通量が10往復程度の鉄道の踏切番など。

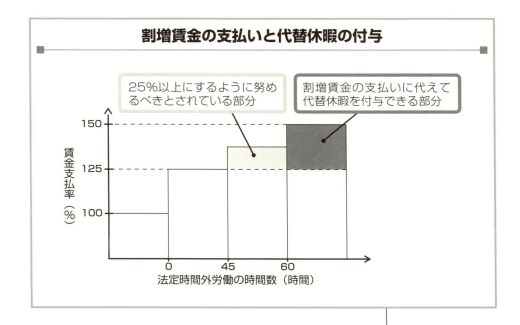

るという方法もあります。そのため、労使協定を締結することで、1か月の時間外労働が60時間を超えた場合の25％を上回る分の割増賃金の支払いに代えて、有給休暇を与えることが認められています。これを代替休暇といいます。

　なお、代替休暇は労働者の休息の機会を与えることが目的であるため、付与の単位は1日または半日とされています。また、代替休暇として振り替えが可能なのは、1か月の時間外労働が60時間を超えた場合の25％を上回る分の賃金を時間換算したものです。25％までの割増賃金については、これまでどおり25％の割増賃金の支払いが必要です（上図参照）。

　代替休暇を与えるためには、労使協定を締結しなければなりません。労使協定で定めなければならない事項には、①代替休暇として与えることができる時間数の算定方法、②代替休暇の単位、③代替休暇を与えることができる期間、④代替休暇の取得日の決定方法、⑤割増賃金の支払日、があります。

欠勤・遅刻・早退と賃金

PART3
21

労務の仕事の基本

給与は労働者が提供した労働力に対して支払われる

■ ノーワーク・ノーペイの原則とは

使用者は、労働者の労働力の提供に対して給与を支払います。

したがって、労働者が、体の具合が悪くてまる1日仕事を休んだ場合、朝寝坊して仕事に遅れた場合、医者に行くために仕事を早めに切り上げて帰ったような場合には、その分の給与は支払う必要がありません。これをノーワーク・ノーペイの原則といいます。まる1日仕事を休んだ分(欠勤)、朝仕事に遅れた分(遅刻)、早めに帰った分(早退)の給与は、労働者に支払う義務はありません。

■ 仕事を休んだ場合などの控除額について

ノーワーク・ノーペイの原則に基づき、労働者が欠勤・遅刻・早退した場合には、その分を給与から控除することができます。労働者の都合で仕事を休んだ場合などの控除額について、労働基準法上ではとくに定めをおいていません。そのため、会社などの事業所で独自にルールを定めることになります。実務上では、就業規則や給与規程に規定を置き、それに従って控除額を算出します。

一般的な控除額の算出方法としては、欠勤1日につき「1年間の月平均所定労働日数分の1」を控除するという方法をとっている場合が多いようです。遅刻や早退などで1時間あたりの控除額を算出する場合は、さらに1日の所定労働時間で除して控除額を求めます。

また、欠勤1日につきその月の所定労働日数分の1を控除す

勤務態度の悪い社員への対処法

たとえば、遅刻癖のある社員や欠勤の多い社員がいる場合には、まず、その社員がよく遅刻や欠勤をする事実を全社員が共有できるようにするために、朝礼を行うようにする。その際には、全社員が挨拶や前日の報告・その日の目標やスケジュールなどを話す機会を設けることで、出席者と欠席者がわかるようにする。朝礼の進行役を全社員が順番に行い、その進行役が社員の出欠状況を書類に残すようにしておけば、より確実に出席状況がわかる。

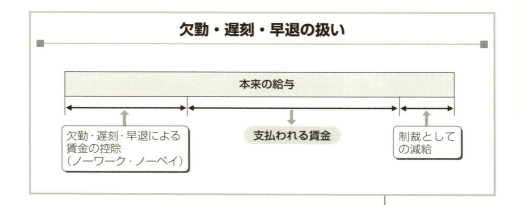

ることにしている場合もあります。ただ、この方法で計算する場合は、毎月の控除額が変わるため、給与計算処理が面倒になるというデメリットがあります。

なお、控除額を計算する際に対象となる手当の内容は、法的に指定されているわけではありません。それぞれの手当の趣旨を考えて、給与規程などで定めるようにします。

■ 制裁として減給することもできる

何人もの労働者が同じ職場で円滑に働くためには一定の規律が必要になります。この規律は就業規則などで明文化され、職場の規律に違反した労働者には、一定の制裁（ペナルティ）を課すことにしています。制裁にはいくつかの方法がありますが、給与を減額する「減給」もそのひとつです。

ただ、給与は労働者の生活を維持するための重要なものであるため、際限なく減給することが認められているのではありません。

具体的には、①制裁1回の金額が平均賃金の1日分の半額を超えてはならない、②一賃金支払期（月1回の給与のときは1か月）における制裁の総額はその一賃金支払期の賃金の総額の10分の1を超えてはならない、という法的な制限があります。

> **制裁**
>
> 制裁には、①訓戒（始末書の提出）、②減給（1回の額が平均賃金の1日分の半額を超えず、総額が一賃金支払期の10分の1を超えてはならない）、③出勤停止（7日以内の賃金支給なしの出勤停止）、④懲戒解雇（予告期間を設けずに即時解雇）、などの種類がある。

PART3 22 産前産後休業と就業制限

労務の仕事の基本

働く母体を保護するための制度が設けられている

■ 産休はどんな場合にとれるのか

　産前産後休業は、働く女性すべてに認められる権利です。産前休業としては、6週間（多胎妊娠の場合は14週間）以内に出産予定の女性が請求した場合、使用者はその女性を就業させてはいけません。

　また、産後休業としては、出産日の翌日から8週間を経過する間は、女性労働者からの請求の有無を問わず休業させる必要があります。ただし、産後6週間を経過後に女性が就労の希望を請求した場合、医師が問題ないと判断した業務に就かせることが可能です。

　産前休業と産後休業では性質が異なるため、就業規則などで「産前産後あわせて14週間を産前産後の休業とする」と規定することはできません。なお、産前産後の休業中は有給にする義務はありません。

■ 保健指導や健診を受ける時間の確保

　母子保健法により、妊婦は、一定の保険指導や健康診査の受診が必要と定められています。受けるべき健康診査の頻度は、妊娠23週までが4週間に1回、妊娠35週までが2週間に1回、妊娠36週以降は1週間に1回です。

　働いている妊産婦が保健指導や健康診査を受けるための配慮として、男女雇用機会均等法では事業主に対し、妊産婦の保健指導・健康診査のための必要時間を確保できるような環境を作ることを義務づけています。

男女雇用機会均等法の規定

妊娠中の女性、出産後1年を経過しない女性が解雇された場合、事業主の方でそれが妊娠や出産を理由とする解雇でないことを証明できない限り解雇は無効になる（男女雇用機会均等法9条）。

出産

出産とは、労働基準法上では妊娠4か月以上の分娩を意味する。4か月以上であれば流産、早産、死産、人工中絶も含まれる。

母子健康法

母子の健康を保持・増進することを目的として制定された法律のこと。市区町村に対し、妊産婦の保健指導や健康診査を行い、かつ妊産婦に保健指導や健康診査を受けることを勧奨するよう定めている。

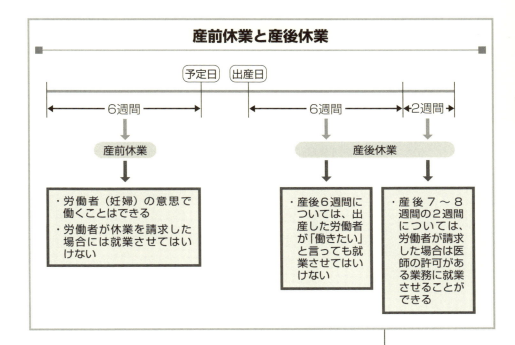

■ 妊娠中と産後1年の就業制限

　労働基準法では、妊産婦および胎児の心身の健康を守るための職場環境づくりを目的に、さまざまな規定が置かれています。

　まず、妊娠中の女性が請求した場合、使用者はその女性をより軽易な業務に転換させなければなりません。軽易な業務がない場合は、一部の業務を免除するなどの対策をとります。

　また、時間外労働や休日労働、深夜労働についても、妊産婦が請求した場合は行わせることができません。ただし、妊産婦が労働基準法上の管理監督者の場合は、請求にかかわらず深夜業を除く時間外労働・休日労働をさせることが可能です。なお、妊産婦は、変形労働時間制の制限を受けないため、本来の労働基準法の規定以上の労働をさせることはできません。

　その他、流産の危険や健康回復を害するおそれのある坑内業務や危険有害業務に対する就業制限も設けられています。

保健指導の時間確保の義務づけ

事業主は、厚生労働省令で定めるところにより、その雇用する女性労働者が母子保健法（昭和40年法律第141号）の規定による保健指導または健康診査を受けるために必要な時間を確保することができるようにしなければならない（男女雇用機会均等法12条）。

PART3 23

労務の仕事の基本

小学校就学前の子どもを育てる労働者の労働時間

勤務時間の短縮、所定外労働の免除が義務づけられた

■ 所定労働時間を短縮することができる

基本的な生活習慣が身につく3歳くらいまでは、子どもの養育に手がかかるため、限られた時間の中で仕事と子育てが両立できる環境が必要です。そこで、企業がとるべき措置として育児・介護休業法は以下の内容を規定しています。

① 所定労働時間（会社の就業規則などで定められた労働時間）の短縮（短時間勤務制度）
② 所定外労働（所定労働時間を超えて行う労働）の免除
③ フレックスタイム制
④ 始業・終業時刻の繰上げ・繰下げ
⑤ 託児施設の設置運営
⑥ ⑤に準ずる便宜の供与
⑦ 育児休業制度に準ずる措置（子どもが1歳から3歳未満の場合）

①〜⑦のうち、①と②はすべての企業に義務づけられており、③から⑦までは、努力義務とされています。

これにより、3歳未満の子どもを養育している労働者であれば、申し出ることによって、短時間勤務制度（所定労働時間の短縮）が利用できるようになりました。所定労働時間の短縮措置は、1日の所定労働時間を原則6時間とするものでなければなりません。

■ 所定労働時間を超えて労働させてはいけない

所定労働時間の短縮と同様に、所定外労働の免除が、事業主

所定労働時間短縮の対象とならない者

日雇労働者や1日の所定労働時間が6時間以下の者は短時間勤務制度の対象から外されている。
また、①継続雇用1年未満の者、②1週間の所定労働日数が2日以下の者、③業務の性質、業務の実施体制に照らして短時間労働勤務の措置を講ずることが困難な者については、労使協定を結ぶことにより、対象外とすることができる。

フレックスタイム制

148ページ参照。

所定労働時間

その事業所の就業規則等で定められている労働時間のこと。

所定外労働の免除制度と時間外労働の制限についての比較

	所定外労働を免除する制度	時間外労働を制限する制度
内容	3歳に満たない子を養育する労働者がその子を養育するために請求した場合、事業主は所定労働時間を超えて労働させてはならない	小学校就学までの子を養育する労働者が請求した場合、事業主は制限時間を超えて労働時間を延長できない
対象労働者	3歳に満たない子を養育する労働者	小学校就学の始期に達するまでの子を養育する労働者
期間	1回の請求につき1か月以上1年以内	1回の請求につき1か月以上1年以内
手続き	開始の日の1か月前までに請求	開始の日の1か月前までに請求
その他	事業の正常な運営を妨げる場合は、事業主は請求を拒める	事業の正常な運営を妨げる場合は、事業主は請求を拒める

に義務づけられています。3歳までの子どもを養育している労働者から請求があった場合には、会社側は、その労働者に所定労働時間を超える労働（残業）をさせることはできません。ただし、この所定外労働の免除の請求について、事業主は「事業の正常な運営を妨げる場合」には、これを拒むことができます。正常な運営を妨げる場合にあたるかどうかは、「その労働者の担当する業務の内容、代替要員の配置の難しさなどを考慮して客観的に判断すべき」であるとされています。

■ 時間外労働が制限されている

　時間外労働の制限とは、小学校就学前の子どもを養育する労働者（日雇労働者を除く）が請求した場合には、1か月24時間、1年150時間を超える法定の時間外労働をさせることはできないことです。事業主は、事業の運営を妨げる場合を除いて、時間外労働の制限の請求を拒むことはできません。

所定外労働免除の対象外となる者

日雇労働者については適用されない。また、所定外労働の免除については、労使協定により制度の対象外となる者について定めることができる。対象外にできる者は次のとおり。
・継続雇用1年未満の者
・1週間の所定労働日数が2日以下の者

時間外労働の制限について、労働者は事業主に対して、1か月前までに、制限を求める期間（1か月以上1年以内の連続する期間）を明示して請求する必要があります。また、この請求に回数制限はないため、小学校就学前であれば何度でも請求することができます。

なお、この措置は、「時間外労働の制限」と呼ばれており、3歳までの子どもを養育する労働者の残業を免除する「所定外労働の制限」とは別のものです。

■ 深夜業が制限されている

小学校就学前の子どもを養育する労働者（日雇労働者を除く）が請求した場合には、夜の10時から翌朝5時までの深夜の時間帯に労働をさせることはできません（深夜業の制限）。事業主は、事業の運営を妨げる場合を除いて、この深夜業の制限の請求を拒むことはできません。ただし、深夜業の制限の請求を行うことができない労働者も同時に定められており、継続雇用1年未満の者、1週間の所定労働日数が2日以下の者、所定労働時間の全部が深夜にある者などは深夜業の制限の請求を行うことが認められていません。

なお、深夜業の制限について、労働者は事業主に対して、1回につき、1か月前までに制限を求める期間（1か月以上6か月以内の連続する期間）を明示して請求する必要があります。また、この請求に回数制限はないため、小学校就学前であれば何度でも請求することができます。

■ 養育者に対する均衡措置とは

法律上各制度や措置をとることが会社の義務とまではされていない場合でも、子の養育と仕事を両立させるために、以下の内容については必要な措置を採るように努力しなければならないとされています。

時間外労働制限の請求ができない労働者
子が小学校就学までの期間は保護規定があるため、事業主は必要な措置を講じるように努力しなければならない。
ただし、次の①、②の労働者は、法律で時間外労働の制限についての請求ができる対象者から除外されている。
①継続雇用1年未満の者
②1週間の所定労働日数が2日以下の者

深夜業
深夜の時間帯に労働すること。

努力義務
遵守するように努力しなければならないが、違反しても罰則などが科せられない義務のこと。

子育てをする労働者に対する企業側の対応

	内容・企業の対応
育児休業制度	原則として子が1歳になるまで。子の小学校就学まで育児休業に準じる措置についての努力義務
所定労働時間の短縮	子が3歳までは義務、子の小学校就学まで努力義務
所定外労働の制限	子が3歳までは義務、子の小学校就学まで努力義務
子の看護休暇	子の小学校就学まで義務
時間外労働の制限	子の小学校就学まで義務
深夜業の免除	子の小学校就学まで義務
始業時刻変更などの措置	子の小学校就学まで努力義務

① 1歳未満（または1年6か月）の子どもを養育する労働者で、育児休業していない労働者

始業時刻変更等の措置を講じる努力をすることが必要です。

② 1歳から3歳までの子どもを養育する労働者

育児休業に関する措置や、始業時刻変更等の措置を講じる努力をすることが必要です。始業時刻変更等の措置とは、フレックスタイムの制度の導入、始業または終業の時刻を繰上げまたは繰下げ（時差出勤の制度）、養育する子に係る保育施設の設置運営やベビーシッターの手配（費用は事業主が負担）といった措置のことです。

③ 3歳から小学校就業前の子どもを養育する労働者

小学校就学前の子を養育する労働者に対しては、事業主は、育児休業に関する措置、所定外労働の制限に関する措置、所定労働時間の短縮措置、または始業時刻変更等の措置を講じる努力をすることが必要とされています。

介護のための勤務時間の制限

PART3 24
労務の仕事の基本

働いている間も介護の時間を確保できるよう配慮する

■ 時間外労働が制限されている

要介護状態にある対象家族を介護している労働者が請求した場合、事業者は、事業の正常な運営を妨げる場合を除き、制限時間（1か月について24時間、1年について150時間）を超えて労働時間を延長することはできません。ただし、次の条件に該当する労働者は、時間外労働の制限を請求することができないとされています。

・日雇労働者
・継続して雇用された期間が1年未満の者
・1週間の所定労働日数が2日以下の者

■ 深夜業も制限されている

要介護状態にある対象家族を介護している労働者が請求した場合、事業者は、事業の正常な運営を妨げる場合を除き、深夜業（午後10時から午前5時までの労働）をさせることはできません。

ただし、次の条件に該当する労働者は、深夜業の制限を請求することができないとされています。

・日雇労働者
・継続して雇用された期間が1年未満の者
・1週間の所定労働日数が2日以下の者
・深夜において常態として対象家族を介護することができる同居の家族などがいる者
・所定労働時間の全部が深夜の時間帯と重なる者

勤務時間制限の終了時期

請求時に申請した終了の日の他、次のような事情で対象家族の介護が不要になった場合にも、制限の期間は終了する。
①対象家族の介護がア〜ウの事情で不要になった、もしくはできなくなった場合
ア）対象家族が死亡した
イ）離婚や婚姻の取消し、離縁や養子縁組の取消しなどの事情により、対象家族と労働者の親族関係が消滅した
ウ）制限を請求した労働者自身がケガや病気などで心身に支障をきたし、介護できない状態になった
②制限を請求した労働者自身が産前産後休業、育児休業または介護休業を取得した場合

介護のための勤務時間短縮措置

時間外労働の制限	要介護状態にある対象家族を介護している労働者が請求した場合、事業者は、事業の正常な運営を妨げる場合を除き、制限時間を超えて労働時間を延長することができない
深夜業の制限	要介護状態にある対象家族を介護している労働者が請求した場合、事業者は、事業の正常な運営を妨げる場合を除き、深夜業（午後10時から午前5時までの労働）をさせることはできない
勤務時間短縮措置の導入	・連続する93日以上の期間について、労働者が就業しつつ対象家族を介護することが容易になるような勤務時間措置を採らなければならない ・家族が要介護状態にない状態であっても、家族を介護する労働者について勤務時間短縮措置を採るように努力しなければならない

■ 使用者に請求することから始まる

　介護をしている労働者に対する時間外労働の制限や深夜労働の制限は、使用者に請求することで開始されます。

　制限の請求は、制限開始予定日の1か月前までに、書面（事業主が適当と認める場合はFAXや電子メールなども可）で行わなければならないとされています。

■ 勤務時間を短縮するなどの措置が必要になる

　この他、育児・介護休業法では、要介護状態にある対象家族を介護する労働者の仕事と介護の両立を支援することを目的として、事業者に対し次のような措置をとるように求めています。
・短時間勤務の制度を設ける
・フレックスタイム制度を設ける
・時差出勤制度を設ける
・労働者に変わって介護を行うサービスを利用するために必要な費用を助成する

> **時差出勤制度**
> 始業または就業の時刻を繰り上げ、または繰り下げる制度。

育児休業

PART3 25
労務の仕事の基本

労働者が子を養育するためにする休業制度のこと

■ どんな制度なのか

　育児・介護休業法では、労働者の権利として育児休業を認めています。ただし、「育児休業」とはいうものの、育児に充てる期間であればいつでも休業を取得できるわけではありません。育児・介護休業法に基づく育児休業の期間は、原則として、出生から子どもが1歳に達する日（民法の規定により、1歳の誕生日の前日）までの1年です。

　育児休業は、男女を問わず、事業主に申し出ることにより取得することができます。女性の場合は、労働基準法に基づき出産後8週間の「産後休暇」の取得が認められているため、産後休暇の終了後（の翌日）から育児休業を取得できます。男性の場合は、上記の原則が適用され、出生した日から1年の間に取得できます。

■ 保育所に空きがない場合は1歳6か月まで延長できる

　育児・介護休業法においては、子どもが1歳に達した後でも、次のような特別な事情がある場合には、事業主に申し出ることによって、子どもが1歳6か月に達するまでを限度に育児休業を延長することが認められています。

① 　保育所（児童福祉法に定める保育所）の入所を希望して申込みを行っているが入所できない場合

② 　1歳到達日以降子どもを養育する予定だった配偶者が、死亡、負傷、心身の障害、離婚その他の理由で別居したなどの事情により養育困難となった場合

育児休業制度の沿革

少子化が進む中、育児をしながら働く人が生活と仕事を両立させることができるように、平成4年から育児休業制度の取得が認められるようなった。

育児休業の取得にかかわる手続き

育児休業を取得する労働者は、会社の社内規程などに基づき、「育児休業申出書」などの書類を提出しなければならない。
また、雇用保険の育児休業給付の受給申請をする場合、休業を開始した日の翌日から10日以内に、事業主または被保険者が、事業所の所在地を管轄するハローワークに育児休業給付金支給申請書の提出などの手続きをすることが必要である。

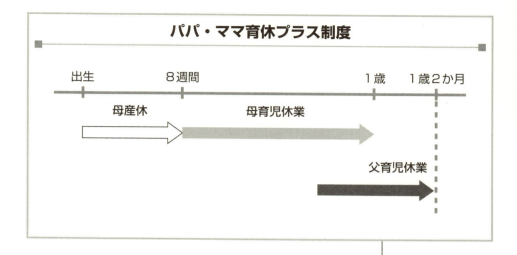

　なお、いずれの場合でも、1歳6か月までの育児休業の延長が認められるためには、子どもの1歳の誕生日の前日に、母親、父親のどちらかが育児休業中であることが必要です。

■ 1歳2か月まで延長できる場合もある

　男性の育児休業の取得をより促すために、育児・介護休業法で新たに導入されたのが「パパ・ママ育休プラス制度」です。これは、子どもの母親、父親がともに育児休業をとる場合には、特例として、育児休業の対象となる子どもの歳が1年2か月までに延長されるというものです。

　「パパ・ママ育休プラス制度」を受けるためには、次の要件を満たさなければなりません。

① 配偶者が子どもの1歳到達日以前のいずれかの日において育児休業していること
② 本人の育児休業開始予定日を、子どもの1歳到達日の翌日より後としていないこと
③ 本人の育児休業開始予定日を、配偶者の育児休業日の初日より前としていないこと

> **パパ・ママ育休プラス制度と育児期間の終了**
> 本文中①〜③の要件を満たした場合でも、母親、父親それぞれの育児休業期間が1年に達してしまった場合は、子どもが1歳2か月に到達する前でも、育児休業期間は終了することになる。

介護休業・介護休暇

PART3 26 労務の仕事の基本

要介護者を介護するための休業・休暇を取得できる

■ 介護休業とは

　介護休業は、労働者が、要介護状態にある家族を介護することが必要な場合に、事業主に申し出ることによって休業を取得することができる制度です。介護休業を取得できるのは、ケガや病気、加齢などの事情により、2週間以上にわたって常時介護を必要とする「要介護状態」にある対象家族を介護する労働者です。ただし、次の条件に該当する場合は、介護休業の取得が認められない労働者について定める労使協定を締結することで、介護休業取得の対象から除外することができます。

- その事業主に継続して雇用された期間が1年に満たない者
- 育児休業の申し出があった日から93日以内に雇用関係が終了することが明らかな者
- 1週間の所定労働日数が2日以下の者

■ 要介護状態につき1回の申し出

　介護休業を取得するには、まず、労働者が原則として休業開始予定日の2週間前の日までに書面などで申請します。介護休業の申し出は、原則として対象家族1人につき、要介護状態に至るごとに1回のみ行うことができます。つまり、すでに介護休業を取得した労働者が、前回から要介護状態に変化のない対象家族のために、再度介護休業を取得することはできません。

　ただし、法律で定められた特別の事情がある場合には、同じ家族についての再度の介護休業を取得することも認められます。特別な事情とは、たとえば産前産後休暇または育児休業を開始

要介護状態

次のいずれかに該当する状態のこと。
・歩行、排泄、食事、入浴、着脱衣の5つの日常生活動作事項のうち、全部介助が1項目以上および一部介助が2項目以上あり、かつその状態が継続すると認められること。
・攻撃的行為、自傷行為、火の扱い、徘徊、不穏興奮、不潔行為、失禁の7つの問題行動のうち、いずれか1項目以上が重度または中度に該当し、かつその状態が継続すると認められること。

労基署への届け出

事業主に書面で申し出をすることが必要であり、労働基準監督署への申し出は不要である。

介護休業のしくみ

内容	労働者が、要介護状態にある家族の介護が必要な場合に、事業主に申し出ることによって休業期間を得ることができる制度
取得対象者	2週間以上にわたって常時介護を必要とする「要介護状態」にある対象家族を介護する労働者
取得できない労働者	・日雇労働者は取得できない ・継続して雇用された期間が1年未満の者、介護休業の申し出後93日以内に雇用関係が終了することが明らかな者、1週間の所定労働日数が2日以下の者は労使協定で対象外にできる
取得手続き	原則として、休業開始予定日の2週間前の日までに申し出る
取得回数	原則として対象家族1人につき、要介護状態に至るごとに1回のみ、行うことができる

するために介護休業が終了したケースで、産前産後休暇または育児休業の対象となる子が死亡した、もしくは対象の子と労働者が同居しなくなったなどの事情で産前産後休暇または育児休業が不要になった場合などです。

■ どんな場合に終了するのか

介護休業は、終了予定日の到来以外にも、対象家族の死亡、離婚や離縁などの事情による対象家族と労働者の親族関係の消滅といった事情で、対象家族の介護が不要になった、もしくは介護することができなくなった場合に消滅します。また、介護休業している労働者自身が産前産後休業、育児休業を取得した場合や別の対象家族を介護するために新たに介護休業を取得した場合にも終了します。これらの事情で介護休業を終了する場合は、労働者は事業主に対してその旨を通知しなければなりま

> **離縁**
> 養子縁組を縁組後の事由によって解消すること。離縁には、協議離縁、調停離縁、審判離縁、裁判離縁の4種類がある。

せん。

■ 介護休業給付を受給できる

以下の要件を満たす介護休業の取得者は、雇用保険法で定められた「介護休業給付」を受給することができます。
・雇用保険の一般被保険者であること
・介護休業開始日前の2年間に、賃金を受けて雇用保険に加入していた日が11日以上ある月が12か月以上あること
・事業主に対して介護休業の開始日と終了日を申し出ていること

ただし、介護休業を開始する時点で介護休業終了後に離職することが決まっている場合は受給の対象になりませんので、注意が必要です。

介護休業給付金の支給期間は、1人の家族につき介護休業開始日から最長3か月（93日）間です。支給額は、原則として休業開始時賃金月額（介護休業を始める前の6か月間の賃金を180で割った金額）の40％です。

なお、介護休業給付金の支給期間中に事業主から賃金が支払われている場合は、支給額が調整されます。

■ 介護休暇とは

介護休暇とは、1年度（事業主が特段の定めをしていなければ、4月1日から翌年3月31日まで）に要介護状態にある対象家族が1人であれば5日間、2人以上であれば10日間の休暇を取得することができる制度です。

介護休業は、1人の対象家族の1つの要介護状態につき、原則として一度しか取得できないため、ある程度長期間にわたって介護が必要な場合の取得に限られています。しかし、介護休暇制度を利用すると、たとえば、ヘルパーが急用で来られなくなった場合など、短期間の介護が必要になった場合でも、休暇を取得することができます。

介護休業給付の申請手続き

事業主または受給する労働者が、介護休業を開始した翌日から10日以内に休業開始時賃金月額証明書を、介護休業終了日の翌日から2か月を経過した日の属する月の末日までに介護休業給付金支給申請書を、それぞれハローワークに提出する。

介護休業

180ページ参照。

介護休暇のしくみ

内容	労働者が、要介護状態にある家族を介護または世話する場合に事業主に申し出ることによって休暇を取得することができる制度
取得対象者	要介護状態にある対象家族を介護、もしくは世話する労働者
取得できない労働者	・日雇労働者は取得できない ・継続して雇用された期間が6か月未満の者、1週間の所定労働日数が2日以下の者は労使協定で対象外にできる
取得手続き	対象家族との続柄など、一定の事項を明らかにして申し出る
取得日数	1年度に要介護状態にある対象家族が1人であれば5日間、2人以上であれば10日間

■ 介護休暇の対象者

　介護休暇を取得できるのは、要介護状態にある対象家族を介護、もしくは世話する労働者です。「世話」には、通院の付き添いや対象家族が介護サービスの提供を受けるために必要な手続きの代行などといったことが含まれます。

　なお、介護休暇を取得するためには、事業主に対して対象家族が要介護状態にある事実や介護休暇を取得する年月日を明らかにして申し出をする必要があります。

　また、介護休暇の取得は、日々雇用される者以外の労働者に対して認められますが、次の条件に該当する場合は、介護休暇の取得が認められない労働者について定める労使協定を締結することで、介護休暇取得の対象から除外することができます。

・継続して雇用された期間が6か月未満の者
・1週間の所定労働日数が2日以下の者

Column

朝活と割増賃金の関係

　2014年、伊藤忠商事が「20時以降の残業は禁止・朝5～8時の就労時には深夜勤務同様の割増賃金を払う」という大胆な取り組みを打ち出しました。

　就業前の早朝から朝にかけて業務に取り組む「朝活」が注目を集めています。朝活のメリットには、取引先などの始業前に業務を始めるため、電話やメール対応で中断されることなく自分の仕事に集中できる点が挙げられます。さらにラッシュ時間を外すことができ、快適な通勤生活につながります。また、朝活は健康面にも効果があります。早寝早起きの規則的生活が送れる上、朝の日光は脳を活性化するホルモン分泌につながるため、仕事に集中でき作業効率がアップします。脳科学者の茂木健一郎氏も「朝は脳のゴールデンタイム」と評しており、まさにメリット満載の制度といえるでしょう。

　一方、朝活の流行による問題点も発生しています。いわゆる「朝活サービス残業」問題です。残業代の支払は夜のイメージが強く、朝活に残業代を払う意識が薄いのが現状です。しかし、労働基準法によると所定労働時間を超えた分は割増賃金の支払が義務であり、適切な支払が行われない場合は違法にあたります。さらに、22時から翌日5時の間は深夜労働にあたり割増率がアップするため、注意が必要です。したがって、朝活制度を導入する場合は、自社の所定労働時間や割増賃金の計算法を再確認し、適切な時間管理を行う必要があります。ただし、割増賃金を適切に払ったとしても、朝活のメリットを考慮すれば結果的にプラスになる場合もあるので、あくまで活用次第といえます。伊藤忠商事の場合は、残業時間が半年で約1割減少しました。なお、労働基準法によると、労働時間とは「使用者の指揮命令下に置かれている時間」をいいます。そのため、明確に自主性が認められる朝活の場合は労働時間にあたらず、割増賃金の支払義務はありません。

PART 4

その他労務管理の注意点

PART4 1

その他労務管理の注意点

セクハラ

性的な言動により労働者の就業環境を害すること

■ セクハラとは

　職場におけるセクハラ（セクシュアル・ハラスメント）とは、性的な言動により、労働者の就業環境を害することをいいます。

　職場のセクハラには、対価型（仕事上のメリットを持ちだして性的関係を要求する行為など）と環境型（職場にわいせつなヌードポスターを掲示する行為など、就業環境を不快にするもの）があります。セクハラの判断はケース・バイ・ケースであり、個別に置かれた状況で考慮されます。判断にあたっては、被害を受けた労働者が女性の場合には一般的な女性労働者の感じ方を基準に、男性の場合は一般的な男性労働者の感じ方を基準に考えることになります。

　セクハラの場合、男性が加害者、女性が被害者というケースが目立ちますが、女性による男性へのセクハラも存在します。事業主は、女性社員だけではなく、男性社員に対しても、セクハラによる被害が生じないような体制づくりを心がけなければなりません。

　具体的な対策としては、社内ホームページ・社内報、就業規則などに職場におけるセクハラに対する方針およびセクハラの内容を明示して従業員に広く知らせる方法などが挙げられます。

　また、セクハラについての相談窓口や相談マニュアルなども用意しておかなければなりません。マニュアルは、窓口の担当者が内容・状況に応じて柔軟に対応するためにあらかじめ作成しておく必要があります。相談を受けた際には、事実関係の有無と状況を迅速かつ正確に把握しなければなりません。セクハ

セクハラの分類

セクシャルハラスメントには「対価型」と「環境型」がある。
対価型とはたとえば職場における地位（上司の立場など）などによる性的な言動を拒否したことによって解雇・降格・減給などの不利益を被ることである。「自分の言うことを聞けば昇給させてやる」などと仕事上のメリットを持ちだして性的関係を要求する行為などがこれにあたる。
一方、環境型とは、たとえば職場にわいせつなヌードポスターを掲示する、上司が労働者の腰・胸にたびたび触るなど、労働者の意に反する性的な言動により就業環境が悪化し、業務に悪影響が出ることをいう。

セクハラの相談窓口

セクハラ対策に積極的な会社も増えてきており、労働組合でセクハラ相談を行っているケースもある。会社の苦情窓口や都道府県労働局の雇用均等室に積極的に相談に行き、そこで解決を図ることになる。

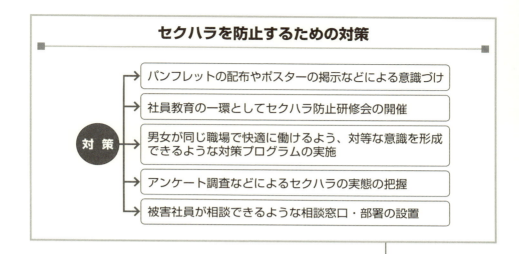

ラがあったことがわかった場合には、行為者と被害者に対する措置を適正に行い、再発防止に向けた措置を講ずる必要があります。なお、対応する際には、相談者と行為者のプライバシーを守るように尽力し、相談したことによって相談者に対して不利益な取扱をすることがないようにします。

■ セクハラが訴訟になったとき

場合によっては、セクハラが原因となり、訴訟まで発展する可能性があります。この場合、被害者は、直接の加害者に対して不法行為責任（民法709条）を追及（損害賠償請求）してくるでしょう。一方、会社は、セクハラを行った加害者に対する使用者としての責任（民法715条）を問われます。会社側の対応に非があったケースで、加害者本人だけではなく、会社側の使用者責任を認めた判例もあります。

裁判で争うとなると、一定の法律知識や訴訟対策が必要になるため会社の顧問弁護士などに相談してみるとよいでしょう。その上で、直接の加害者と入念に話し合い、対策を立てる必要があります。

証拠の確保の仕方

典型的な例であれば、誰でもセクハラであることはわかるが、セクハラになるかが判断しにくいという場合もある。労働者側は、メモなどの記録を残す（日時、場所、話の内容、周囲の状況など）、友人や家族、信頼のおける上司に相談する、写真やテープをとる、といった形で、証拠を確保することが重要である。

PART4 2

その他労務管理の注意点

パワハラ

職場における地位などを利用した嫌がらせのこと

■ パワハラとは

　パワーハラスメント（パワハラ）とは、職務上の地位や職権を利用して嫌がらせをすることをいいます。

　具体的には、不合理な命令、過剰な指導、被害者の人格を無視した行為、雇用不安を与える行為などをさします。不合理な命令とは、たとえば、仕事の内容をその部下だけに伝えなかったり、わざと仕事を与えなかったり、他の人が参加する会議に参加させない、といった行為のことです。

　また、実現することが不可能なノルマを課したり、その労働者の担当する業務とは無関係な仕事をさせたりするような場合は、過剰な指導にあたります。人格を無視した行為とは、その労働者を無視したり、誹謗中傷したりするといった行為の他、その労働者を孤立させるような行動も該当します。

　パワハラが原因で労災申請が認められることもあるため、労務管理上において配慮する必要があります。

　なお、厚生労働省による平成24年1月の報告では、職場のパワーハラスメントについて、「同じ職場で働く者に対して、職務上の地位や人間関係などの職場内の優位性を背景に、業務の適正な範囲を超えて、精神的・身体的苦痛を与えるまたは職場環境を悪化させる行為」と定義しています。

■ パワハラ被害を防止するための対策

　パワハラを防止するには、さまざまな角度から複数の対策を講じる必要があります。具体的には、①社内における相談窓口

マタハラ

女性が職場で受けるハラスメントには、セクハラ、パワハラの他、マタハラもある。
マタハラとは、マタニティハラスメントの略で、妊娠・出産をした働く女性に対し、職場で精神的または肉体的な苦痛を受けるような限度を受けること。また、妊娠や出産を理由に、解雇や雇い止めなどを強要する行為など。

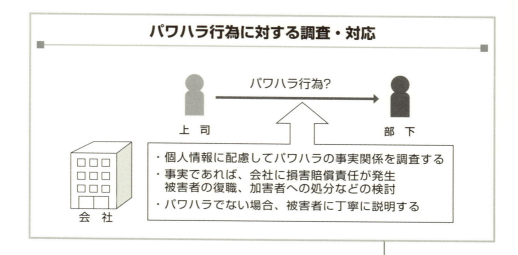

の設置、②社員や管理職への教育研修の実施、③社内での調査の実施、④パワハラ被害者に対する職場復帰へのサポート、⑤弁護士などの専門家を介しての体制強化、などの事柄が挙げられます。

■ 会社側の責任はどうなる

　従業員がパワハラを行った場合、その従業員が所属する会社にも使用者責任があるとして、被害者に対して損害賠償責任を負います。従業員が業務の中で第三者に損害を与えた場合には、従業員が所属している使用者も、使用者責任として損害賠償責任を負います。

　パワハラによる被害は、会社の業務の中で被害者に生じる損害です。そのため、職場の中でパワハラが行われた場合には、会社も被害者に対して損害賠償責任を負います。

　また、会社が被害者と労働契約を締結していた場合、労働契約から付随して生じる義務である「働きやすい職場環境づくり」を怠ったとして、債務不履行責任に基づく損害賠償責任も負うことになります。

> **国・静岡労基署長（日研化学）事件**
>
> 東京地裁平成19年10月15日。いわゆるパワー・ハラスメント（パワハラ）による自殺について業務起因性が認められるかが争われた例。上司のパワハラにより、被災者の受けた心理的負荷は、一般人を基準として、社会通念上、客観的に見て、精神障害を発症させる程度に重度なものであったと認定し、自殺の業務起因性を肯定した。

PART4-3 その他労務管理の注意点

メンタルヘルス

休職させ、十分に休養してもらうことが第一

■ メンタルヘルス対策の必要

　従業員の「身体面の健康管理」と同様に、「メンタルヘルス対策」と言われる、従業員の「精神（心）の健康を保つ」ためのケアも、会社が行わなければならない必須業務です。

　まずは、心の病をわずらう社員を出さないように、未然に防ぐ対策をとることが何よりも大切です。近年では、産業カウンセラーなど、職場の心の問題に取り組む専門機関も増えてきているため、場合によっては社外の機関にアドバイスを求めることも有効です。

　もし、自社の社員が心の病と判断された場合は、休職させた上で十分に休養させることが重要です。同時に、専門医師によるカウンセリングや適切な投薬を受けてもらうなど、治療に専念させるようにします。そして、回復後、業務に戻ってくる際にも注意が必要です。再発の可能性もあるため、リハビリ期間を設けるなどの段階を踏んで職場復帰できるように配慮します。また、精神障害等の労災認定や、専門機関との連携など、社員のケア体制を整える会社内の安全衛生管理に関する規程を整備しておくことが重要です。労働基準法や労働安全衛生法といった法律に加え、厚生労働省が平成24年に発行した「職場における心の健康づくり（労働者の心の健康の保持促進のための指針）」というリーフレットなどにも目を通しておくとよいでしょう。

　いざというときに法的責任を追及されないように責任を果たすことは、会社として従業員に対して行うべき当然の義務です。

社員がうつ病になるケース

従業員がうつ病などの精神疾患を発症する業務上の要因には、たとえば以下のようなケースが挙げられる。
・長時間労働や休日出勤などにより、疲労が重なった
・重大なプロジェクトを任された
・海外などへの出張が多かった
・取引先とトラブルを起こした
・重いノルマを課せられた
・上司や部下、同僚との人間関係がうまくいかなかった
・セクハラやパワハラを受けた

労働者の心の健康の保持増進のための指針

労働者の受けるストレスが増大し、職場における労働者の心の健康を守ることの必要性が高まっていることを受けて、厚生労働省が設定した指針。具体的には、労働者のメンタルヘルスについて衛生委員会で調査審議することや、メンタルヘルスをケアするための方法などについて定められている。

復帰支援の流れと各段階で行われること

① 病気休業開始及および休業中のケア
　↳ 労働者からの診断書の提出や管理監督者によるケアなど

② 主治医による職場復帰可能の判断
　↳ 産業医などによる精査や主治医への情報提供など

③ 職場復帰の可否の判断および職場復帰支援プランの作成
　↳ 情報の収集、職場復帰の可否についての判断および職場復帰支援プランの作成

④ 最終的な職場復帰の決定
　↳ 休職していた労働者の状態の最終確認など

⑤ 職場復帰後のフォローアップ
　↳ 職場復帰支援プランの実施状況の確認や治療状況の確認など

■ 情報は厳重に管理する

　実際にメンタルヘルス対策を行う場合、注意しなければならないのは情報の管理です。社員の個人情報を扱う場合はどのような情報であれ、慎重に扱う必要がありますが、心の病にまつわる情報については、その性質上さらに厳重に管理する必要があります。

　会社は、個人情報保護法の規定などをよく確認し、情報を取得する際には書面で本人の同意を得ることを心がけるようにしましょう。

■ 休職から復職までの流れをおさえる

　休職した労働者がどのような流れで職場復帰するかについては、厚生労働省が発表している「心の健康問題により休業した労働者の職場復帰支援の手引き」が参考になります。この手引きでは、休職から復職に至るまでの流れを上図の5つのステップに分けて詳細に説明されています。

> **心の健康問題により休業した労働者の職場復帰支援の手引**
> 労働者のメンタルヘルスケアを目的として厚生労働省が作成した指針。この指針の中では、心の健康問題によって休業していた労働者が、円滑に職場に復帰できるように、事業者がなすべき措置について定めている。具体的には、労働者の休業中になすべきケアや、職場復帰後のフォローアップまで、労働者の状況に応じて段階的に事業者が執るべき処置について示している。

PART4 4

その他労務管理の注意点

過労死の認定基準

過重業務や異常な出来事による過重負荷の度合いが認定基準

■ 過労死とは

　長時間労働や激務などによって疲労が蓄積したために、脳血管障害や心臓疾患などの健康障害を起こして死亡することを「過労死」といいます。激務に就いたことでもともとの持病が急激に悪化し、脳や心臓の疾患などを発生させた場合には、業務が死亡の原因となったと考えられ、労災の対象になります。
　裁判所の判断には、会社が従業員の健康に配慮する義務に違反したとして、会社の責任を認める判例も増えていますが、労働者側の落ち度を一定範囲で認める場合もあります。

■ 過労死の認定基準の根拠

　労働者の突然の死は、以前はなかなか労災として認められませんでした。死亡の原因が一般的な病気なのか、それとも労災かを判断するのが、医学上では、非常に難しかったためです。しかし、過労によると推測される突然死が多発し、訴訟に発展して労災と認定されるケースが出てきたことで、厚生労働省は平成26年3月に「脳・心臓疾患の労災認定」というパンフレットを公表しました。このパンフレットには、認定基準に新たに加わった要件である脳血管疾患および虚血性心疾患等に起因する労災認定基準がわかりやすく記されています。
　「脳・心臓疾患の労災認定」内に記された認定基準によれば、脳・心臓疾患は長く生活をする中で自然発症するものであるということを前提にしています。その上で、業務による明らかな過重負担が自然経過を超えて症状を著しく悪化させることがあ

大庄事件

京都地裁平成22年5月25日判決。全国チェーン飲食店の新入社員が、入社4か月で急性左心機能不全により死亡した事件。発症前の時間外労働時間が月100時間を超えていたことから、会社に対する安全配慮義務違反による損害賠償責任を認め、同時に会社の取締役に対し、労働者の生命・健康を損なわないような体制を怠ったとして会社法429条1項に基づく責任を認めた。

業務の過重性の評価項目

チェック項目とその内容

- **労働時間**
  時間の長さ・休日の有無
- **勤務体制（不規則かどうか）**
  スケジュール・業務内容の変更の頻度・程度
- **勤務時間**
  拘束時間・実労働時間・労働密度の実態
- **出張の実態**
  出張の内容・頻度・距離、出張前後の扱い

- **交代制・深夜勤務の実態**
  シフトの変更の頻度・程度、休日の割合、深夜勤務の頻度
- **勤務先の環境**
  温度環境・騒音の有無・時差の有無
- **業務内容の特性（緊張を伴う業務かどうか）**
  ノルマの厳しさ・時間的制約の有無・人前での業務・他人の人生を左右するような重要な業務など

るということを認め、過労死の対象疾病として以下のようなものを挙げています。

① 脳血管疾患（脳内出血（脳出血）、くも膜下出血、脳梗塞、高血圧性脳症）
② 虚血性心疾患等（心筋梗塞、狭心症、心停止（心臓性突然死を含む）、解離性大動脈瘤）

■ どんな要件があるのか

これらの対象疾病は、仕事と関係なく自然に発症することもあります。そこで、認定基準では業務において次のような状況下に置かれることで、明らかな過重負荷（脳・心臓疾患の発症を誘発する可能性があると思われる出来事）を受け、そのことによって発症したと認められる場合に、「労災」として取り扱う、と定めています。

① 異常な出来事

発症直前から前日までの間に、次のような事態に遭遇した場合をいいます。

ⓐ「職場で起こった大きな事故を目撃した」など、業務に関連することで極度の緊張や興奮、恐怖、驚がくなど強度の精神的負荷を引き起こす突発的または予測困難な異常事態に遭遇した場合

ⓑ「作業中に海中に転落した同僚を救助した」など、緊急に強度の身体的負荷を強いられる突発的または予測困難な異常事態に遭遇した場合

ⓒ「事務員から急に現場作業に配転され、炎天下で慣れない肉体労働をさせられた」など、急激で著しい作業環境の変化に遭遇した場合

② 短時間の過重業務

短時間の過重業務が認められる場合とは、発症前おおむね1週間について、とくに過重な業務に就労することによって身体的・精神的負荷を生じさせたと客観的に認められることです。ここでいう「とくに過重な業務」とは、日常業務に比較して業務の量や内容、作業環境などが著しく過重であること、また、同じ業務に従事する同僚に対しても、著しく過重な身体的・精神的負荷が生じると認められることです。

③ 長期間の過重業務

長期間の過重業務が認められる場合とは、発症前おおむね6か月間に、著しい疲労の蓄積をもたらすとくに過重な業務に就労することによって身体的・精神的負荷を生じさせたと客観的に認められることです。著しい疲労の蓄積をもたらす要因として重要視されているのが労働時間です。認定基準では、次のような形で労働時間と発症との関連性を指摘しています。

ⓐ発症前1か月間から6か月にわたって、1か月当たりの時間外労働時間おおむね45時間を超えた場合は、業務と発症との

時間外労働の削減努力

時間外労働は本来イレギュラーなものであるため、事業主が三六協定により時間外労働の許可を受けた場合でも、実際に従業員に行わせる時間外労働は月あたり45時間以下にするよう努める必要がある。

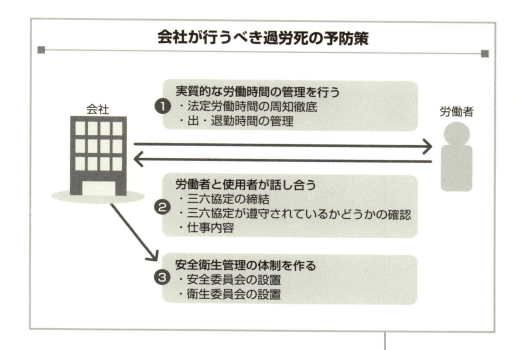

関連性が徐々に強まると判断される。

ⓑ発症前1か月間におおむね100時間または発症前2か月から6か月の間に、1か月当たりおおむね80時間を超える時間外労働が認められる場合は、業務と発症との関連性が強いと判断される。

なお、②③の場合において、過重業務かを判断する場合は、労働時間の他、不規則な勤務や拘束時間の長い勤務、出張の多い業務、交替制勤務や深夜勤務などの要因についても十分に検討することが求められています。

裁判所の判断には、会社が従業員の健康に配慮する義務に違反したとして、会社の責任を認めるケースも増えています。また、「自分の健康管理を自身が怠った」として、労働者側の落ち度を一定範囲で認める判例もあります。

PART4-5 過労自殺

その他労務管理の注意点

過労自殺が労災として認められる可能性もある

■ 過労自殺にも判断基準がある

仕事上のストレスなどが原因でうつ病を発症し、自殺してしまうことを「過労自殺」といいます。しかし、実際に亡くなった後で自殺の原因が仕事上のものであったかどうかを判断するのは極めて難しいといえます。

ただ、労災保険では故意による災害を給付対象としておらず、「自殺」は適用対象外です。一方、「過労自殺」に関しては「正常な認識、行為選択能力が著しく阻害され、または自殺行為を思いとどまる精神的な抑制力が著しく阻害されている状態」に陥ったものと推定されることから、業務起因性を認めた上で適用対象としています。したがって、「過労自殺」であるか、「業務以外の原因による自殺」であるかを判別することが非常に重要です。厚生労働省では、その判断基準として「心理的負荷による精神障害の認定基準」を作成しています。

この認定基準によると、労働者に発病する精神障害は、「業務による心理的負荷」「業務以外の心理的負荷」「それぞれの労働者ごとの個人的要因」の3つが関係して起こることを前提とした上で、次の①～③のすべての要件を満たすものを業務上の精神障害としています。

① 対象疾病を発病していること

判断指針における「対象疾病に該当する精神障害」は、原則として国際疾病分類第10回修正版（ICD-10）第Ⅴ章「精神および行動の障害」に分類される精神障害とされています。

② 対象疾病の発病前おおむね6か月の間に、業務による強い

電通事件

最高裁平成12年3月24日。過労自殺について、使用者である企業に対する損害賠償請求が認められるかが争われた例。
深夜にまで及ぶ長時間残業を恒常的に行う業務についていた労働者が、うつ病にかかり入社後1年5か月で自殺したという事件。
裁判所は、事業主には、労働者がうつ病にかかるような長時間労働につけてはならない義務があり、うつ病にかかった労働者については、仕事量を軽減するなどの具体的な措置を講ずべき「安全配慮義務」があると判断した。そして、会社の労務管理の配慮に対する落ち度が大きいことを理由として、過失相殺（被害者本人の落ち度などを考慮して、責任額を減額すること）の主張を認めなかった。

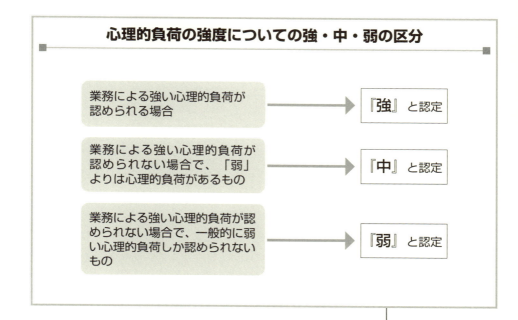

心理的負荷が認められること

　業務による心理的負荷の強度の判断にあたっては、精神障害発病前おおむね6か月の間に、対象疾病の発病に関与したと考えられる業務によるどのような出来事があり、また、その後の状況がどのようなものであったのかを具体的に把握します。その上で具体的な心理的負荷の強度について、認定基準の「業務による心理的負荷評価表」を指標に、「強」「中」「弱」の3段階に区分します。

　具体的には次のような判断基準をいいます。ここで、総合評価が「強」と判断される場合には、②の認定要件を満たすものと判断されることになります。

・「特別な出来事」に該当する出来事がある場合

　発病前おおむね6か月の間に、「業務による心理的負荷評価表」の「特別な出来事」に該当する業務による出来事が認められた場合には、心理的負荷の総合評価が「強」と判断されます。

・「特別な出来事」に該当する出来事がない場合

　「特別な出来事」に該当する出来事がない場合は、どの「具体的出来事」に近いかを判断し、事実関係が合致する強度や個々の事案ごとの評価、といった方法により心理的負荷の総合評価を行い、「強」「中」または「弱」の評価をします。

・出来事が複数ある場合の全体評価

　対象疾病の発病に関与する業務による出来事が複数ある場合はそれぞれの出来事の関連性などを考慮して、心理的負荷の程度を全体的に評価します。

・時間外労働時間数の評価

　長時間労働については、たとえば、発病日から起算した直前の1か月間におおむね160時間を超える時間外労働を行った場合などについては、極度の長時間労働に従事したと判断され、心理的負荷の総合評価は「強」となります。

③　業務以外の心理的負荷および個体側要因により対象疾病を発病したとは認められないこと

　「業務以外の心理的負荷」が認められるかの判断は、「業務以外の心理的負荷評価表」を用いて検討します。評価の対象となる出来事には、以下のものが挙げられます。つまり、前述した②の評価において、業務による強い心理的負荷が認められた場合でも、業務以外の心理的負荷や個体側の要因が認められるときには、どの要因が最も強く精神障害の発症に影響したかを検討した上で最終的な評価が出されるということです。

　最高裁判所の判例でも、「社員の心身状態を把握し自殺を予防しなければならない」として会社側に高度の安全配慮義務（会社などの使用者が負う、労働者が安全に就労できるように配慮する義務）を課す判断を示し、自殺を過労死と認めたケースがあります。

・自分の出来事

　離婚または夫婦の別居、自身の重い病気やケガ、流産した場

個体側の要因

重度のアルコール依存症や元々罹っていた精神障害など、疾病の発症に影響を与える個人的な原因のこと。

労働者にかかる心理的な負荷の度合いが「強」とされるおもなケース

おもな出来事	「強」と判断されるおもな場合
ノルマ未達成	経営に影響するようなノルマを達成できず、そのために左遷されたような場合
退職強要	退職の意思のないことを表明したにもかかわらず、執拗に退職を求められるような場合
配置転換	過去に経験した業務と全く異なる業務に従事することとなり、配置転換後の業務に対応するために多大な労力を要したような場合
嫌がらせ、いじめ	上司の言動が業務指導の範囲を逸脱していて、人格や人間性を否定するような言動が含まれ、そのような言動が執拗に行われたような場合
上司とのトラブル	業務方針などについて、上司との間に周囲からもはっきり認識されるような大きな対立が生じ、その後の業務に大きな支障が生じた場合
セクシュアルハラスメント	・胸や腰などへの身体接触を含むセクシュアルハラスメントが継続して行われたような場合 ・身体接触のないケースであっても性的な発言が継続してなされ、かつ会社がセクシュアルハラスメントの事実を把握していても適切な対応をせず、事態の改善がなされなかった場合

※厚生労働省「心理的負荷による精神障害の認定基準」の業務による心理的負荷評価表を基に作成

合など

・**自分以外の家族・親族の出来事**

　配偶者や子ども、親または兄弟が死亡、または重い病気やケガをした場合など

・**金銭関係**

　多額の財産を損失、または突然大きな支出があった場合など

・**事件、事故、災害の体験**

　天災や火災、または犯罪に巻き込まれた場合など

PART4 6 休職

その他労務管理の注意点

使用者が行う一定期間の労働義務を免除する処分のことである

■ 休職とは

休職とは、労働者側の事由で働くことができない場合に、使用者が一定期間の労働義務を免除する処分のことです。

労働基準法では、休業についての根拠についての定めはなされておらず、通常は労働協約や就業規則で定めを設けます。そのため、企業によって休業のケースはさまざまです。

たとえば、業務外の負傷・疾病により長期間にわたって行われる「私傷病休職」、私的な事故による「事故休職」、刑事事件により起訴された場合、社会的信用を維持し、懲戒処分が決定されるまでの目的で行う「起訴休職」、不正行為を働いた場合の「懲戒休職」、他社への出向に伴う自社での不就労に対応する「出向休職」、労働組合の役員に専念する場合の「専従休職」、海外留学や議員など公職への就任に伴う「自己都合休職」などがあります。

■ 休職中における報酬の扱い

一般的に休職の発令は、就業規則や労働協約などに基づき、使用者の一方的な意思表示により行います。休職を発令する要件は、個々の企業により異なります。なお、休職期間の満了時に休職事由が消滅していない場合の取扱いについては、就業規則で定めている場合には自然（自動）退職となります。一方、解雇についてのと定めがあれば、解雇予告の手続きをした上での解雇が可能です。

また、休職中の賃金の支払いについては、無給でも問題はあ

休職後の取扱い

休職事由がなくなった場合や、休職期間が満了した場合は職場復帰となる。会社は理由なく復職を拒むことはできないが、「会社が指定した医師の診断を受ける必要がある」旨の規定を就業規則に明記し、診断書を参考に会社が復職の判断をすることは認められている。

規程の整備

復職をめぐるトラブルを避けるため、休職事由消滅の際の取扱い、休職期間満了後の取扱い（復職手続き、休職期間の延長、退職、解雇など）については就業規則や私傷病休職取扱規程などで明確にしておくことが望ましい。最近では、とくに、精神疾患者の私傷病休職について考慮する規定が重視されている。また、復職を支援するプログラムを整備する会社などもある。

解雇予告の手続き

会社が労働者を解雇する場合、原則として少なくとも30日前までに、解雇を予告する手続きが必要になる。もっとも会社が30日分以上の平均賃金を支払えば、予告なしに即日解雇することができる。

休職の種類

私傷病休職	業務外の負傷・疾病で長期間休業する場合
事故休職	私的な事故による場合
起訴休職	刑事事件で起訴された社員を一定期間休職させる場合
懲戒休職	従業員が不正行為を働いた場合
出向休職	他社への出向に伴い、自社を休職する場合
専従休職	労働組合の役員に専念する場合
自己都合休職	海外留学や議員など公職への就任に伴う場合
ボランティア休職	ボランティア活動で休職する場合

りません。休職中は労務の提供がなく、発生事由も使用者責任ではないため、報酬支払の問題や、休職期間を勤続年数に算入するか、などの点については、個々のケースに応じて企業ごとで定めることができます。一般的には「ノーワーク・ノーペイの原則」によって休職期間は無給とするケースが多いようです。

なお、私傷病休職の場合、本人には休業4日目より健康保険から標準報酬日額の3分の2の金額に相当する傷病手当金が支払われます。傷病手当金とは、業務外の事由により労務不能となった場合に支払われる健康保険の給付のことです。

ただし、私傷病休職中に、会社が本人の標準報酬日額の3分の2に相当する金額以上の賃金を支給した場合は、傷病手当金は不支給となります。

また、労働者の社会保険料の負担については、休職中においても必要です。支払う社会保険料は、休職前の標準報酬月額に基づいた金額であるため、休職が長引くと会社側が支払う保険料が負担になることも事実です。休職期間を決める場合は、このことも配慮しておく必要があります。

ノーワーク・ノーペイの原則

労働者は使用者に労働力を提供することによって、その見返り(「対償」という)として給与をもらうことができるという原則のこと。労働者が欠勤・遅刻・早退した場合には、ノーワーク・ノーペイの原則に基づき、使用者はその分を給与から控除することができる。

標準報酬日額

社会保険料の算定にあたり、いくつかの報酬枠に区分された給与の月額を標準報酬月額という。標準報酬月額は、国が決めた標準報酬月額表に実際の総支給額をあてはめて算出する。
この標準報酬月額の30分の1の額のことを標準報酬日額という。

PART4 7 労働者災害補償保険

その他労務管理の注意点

仕事や通勤中のケガや病気に対して補償を行う公的保険制度

■ 労災保険制度とは

　労働者が仕事中や通勤途中に起こった事故などによって負傷や疾病にかかった場合、治療費などの必要な給付を行うのが労災保険制度です。労災保険は労働者を1人でも使用する事業は強制的に加入することになっています。

　労災保険は労働者として働いている者すべてに労災保険が適用されます。正社員やパート・アルバイトなどの雇用形態は一切関係なく、日雇労働者についても労災保険の適用を受けます。また、外国人の場合でも適用されます。ただ、代表取締役などの会社の代表者は労働者ではなく使用者であるため、原則として労災保険は適用されません。労災保険の届出は、保険関係が成立した日から10日以内に行い、以後は毎年所属する労働者の数に応じた保険料を申告・納付します。

■ 業務災害と通勤災害の内容

　労災保険は労働者が仕事中（業務上）または通勤途中に負傷した場合に、必要な保険給付を行います。業務中の事故である「業務災害」と勤務途中の事故である「通勤災害」で受けることができる給付内容はどちらもほとんど同じ内容です。

① 業務災害

　事業主の支配下または管理下にあるときに、負傷や病気の原因となる事故が発生した場合、労災保険による給付が行われます。

② 通勤災害

　会社までの通勤途中（往復）に、負傷や病気の原因となる事

労災保険の適用

労災保険は政府（国）が保険者（保険を監督し、取り扱う者）となる。実務上は労働基準監督署などが事務処理を行っている。労災保険は事業所ごとに適用されるのが原則である。ただし、支店や出張所などでは労働保険の事務処理を行う者がいないなどの一定の理由がある場合は、本店（本社）で事務処理を一括して行うことができる。

暫定適用事業所

労働者を1人でも使用していれば労災保険に加入するのが原則だが、個人事業者が農林水産業などの一定の事業を行う場合については、労災保険の加入を任意とする暫定任意適用事業という扱いがなされている。

通勤と逸脱

私的な理由で通常の通勤路から外れた（逸脱）場合や帰宅前に飲み屋によって帰る場合などは、その後に災害が発生したとしても通勤災害扱いとはならず、労災の支給がなされないため、注意が必要である。

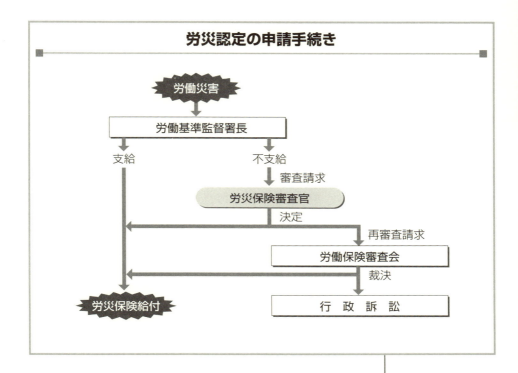

故が発生した場合、労災保険による給付が行われます。

■ 労災保険の申請手続き

　企業の従業員が業務中や通勤中において被害を受けた、もしくは過労で亡くなったという場合には、本人またはその遺族が労災保険給付を請求することができます。

　被害者などからの請求を受け、実際の支給決定を行うのは、労働基準監督署長です。決定に不服がある場合は、都道府県労働局内の労災保険審査官に審査請求をすることができます。審査官の審査結果にさらに不服がある場合は、厚生労働省内の労働保険審査会に再審査請求ができます。労働保険審査会の裁決にも不服がある場合は、その決定の取消を求めて、裁判所に行政訴訟を起こすことになります。

労災請求と時効期間

労災の保険給付の請求は、2年以内（障害給付と遺族給付の場合は5年以内）に被災労働者の所属事業場の所在地を管轄する労働基準監督署長に対して行わなければならない。保険給付に関する提出書類は労働基準監督署に備え付けてあるが、提出する書類は、どの保険給付を受けるかによって異なる。

行政訴訟

処分の取消しや変更などを求める役所を相手にした訴訟。

PART4 8

その他労務管理の注意点

解 雇

規則を定めなければ解雇はできない

■ 解雇には3種類ある

　解雇とは、会社の都合により社員との雇用契約を解除することです。解雇は、その原因により、「普通解雇」「整理解雇」「懲戒解雇」の3種類に分類されます。

　整理解雇とは、経営不振による合理化など、経営上の理由に伴う人員整理のことで、別名「リストラ」ともいいます。

　一方、懲戒解雇とは、たとえば従業員が会社の製品を盗んだ場合のように、会社の秩序に違反した者に対する懲戒処分としての解雇のことです。なお、それ以外の解雇についてを、普通解雇と呼びます。

■ 解雇は法律上の制限を受ける

　労働者は解雇によって仕事を失うことになるため、労働契約法では、労働者保護の観点から使用者の解雇についての制限を行っています。

　たとえば、不況を理由とした人員整理を考えた場合でも、それだけの理由では一方的に解雇をすることはできません。そして、合理的な理由のない解雇は「解雇権の濫用」となり、認められません（労働契約法16条）。

　具体的には、次に挙げる内容を理由とした解雇は、原則として禁止されています。

・国籍・信条・社会的身分・性別
・結婚・妊娠・出産したこと
・産前産後休業を申し出た、または取得したこと

退職・辞職・解雇

労働契約が解消されるすべての場合を総称して退職という。辞職、解雇も、退職の1つの形態である。辞職は、労働者が一方的に労働契約を解除することである。2週間前に申し出れば辞職が可能である（民法627条1項）。
退職は、おもに使用者と労働者双方の合意に基づいて行われる契約関係の終了で、①労働者が退職を申し入れ、会社がこれを承諾した、②定年に達した、③休職期間が終了しても、休職理由が消滅しない、④労働者本人が死亡した、⑤長期にわたって無断欠勤が続いている、といった事情がある場合に、退職手続きをとる会社が多い。

規程で定めていることが必要

社員を解雇する場合、まず、就業規則や雇用契約書などに解雇についての規定がない場合は、そもそも解雇することができない。自社の就業規則などに解雇に関する規定がない場合には、まずは解雇に関する規定を置くことからはじめなければならない。

解雇の種類

種 類	意 味
整理解雇	いわゆるリストラのこと。経営上の理由により人員削減が必要な場合に行われる解雇
懲戒解雇	労働者に非違行為があるために懲戒処分として行われる解雇
諭旨解雇（ゆし）	懲戒解雇の一種だが、労働者の反省を考慮し、退職金等で不利にならないよう依頼退職の形式をとる解雇
普通解雇	懲戒解雇のように労働者に非違行為があるわけではないが、就業規則に定めのある解雇事由に相当する事由があるために行われる解雇

・育児・介護休業を申し出た、または取得したこと
・公益通報をしたこと
・労働基準監督署に申告したこと
・労働組合を結成したこと
・労働組合の活動を行ったこと
・労使協定の過半数代表者となった、またはなろうとしたこと
・母性健康管理措置を受けたこと

　なお、公益通報とは、公益のために事業者の法令違反行為を通報することです。また、母性健康管理措置とは、妊娠・産前産後の労働者に対して事業主に課された義務です。具体的には、妊娠・産前産後の女性労働者に対して、保健指導や健康診査のために必要な時間を確保するような措置を行うことです。

　なお、上記の理由に該当しない場合で、就業規則や雇用契約書に解雇に関する規定がない場合は、経営者は規定を新設しない限り、解雇を行うことができません。

解雇の手順

社員を解雇する場合、事前に解雇する理由を明確にしてそれが就業規則や雇用契約書に書かれている理由に該当するかどうかを確認し、さらに法律上解雇が禁止されているケースに該当しないかを確認する。
こうした確認を経て、「この社員を解雇するしかない」と確信できた場合にはじめてその社員を解雇することになる。

公益通報者保護法

内部告発者を保護することを目的とした法律に公益通報者保護法がある。
公益通報を行ったことを理由とする解雇は無効とされ、降格や減給など不利益な扱いをすることも禁止される。

PART4 9 解雇予告と解雇予告手当

その他労務管理の注意点

解雇予告や解雇予告手当の支払は原則として必要である

むやみに解雇できない

会社は、①30日前までに解雇を予告した場合、②社員側の責任による懲戒解雇の場合、③やむを得ない事情があって解雇する場合、を除いてむやみに社員を解雇できない。①②に該当する場合でも、認定も受けずに解雇予告手当を支払うことなく社員を即日解雇した場合は労働基準法違反となり、処罰の対象になる。

解雇予告が不要な場合

会社は原則として解雇予告をしなければならないが、次に挙げる社員については、解雇予告や解雇予告手当の支給をすることなく解雇することができる。
① 雇い入れてから14日以内の試用期間中の社員
② 日雇労働者
③ 雇用期間を2か月以内に限る契約で雇用している社員
④ 季節的業務を行うために雇用期間を4か月以内に限る契約で雇用している社員

ただし、試用期間中の社員についても、すでに15日以上雇用している社員を解雇する場合には、解雇予告や解雇予告手当が必要になる。

■ 解雇予告とは

解雇予告とは、対象となる労働者にその旨を伝えることです。

事業主が社員を実際に解雇しようとした場合、原則として解雇予定日の30日以上前に予告する必要があります。

解雇の通知は口頭で行うこともできますが、後のトラブルを避けるためには書面で行ったほうがよいでしょう。

■ 解雇予告手当を支払って即日解雇する方法もある

社員を解雇する場合、会社は原則として解雇の予定日より30日前にその社員に解雇することを予告しなければなりません。しかし、どんな場合でも30日先まで解雇できないとすると、かなり不都合な場合もあります。こうした場合に備えて、その社員を速やかに解雇する方法として、その社員に対して30日分以上の平均賃金を解雇予告手当として支払う、という方法です（労働基準法20条）。この方法をとれば、会社は解雇予告を行わずに問題社員を即日解雇することができます。解雇予告手当は即日解雇する場合だけでなく、たとえば業務の引き継ぎなどの関係で15日間は勤務してもらい、残りの15日分の解雇予告手当を支払う、といったケースにも対応できます。なお、解雇予告手当を支払った場合には、後々トラブルにならないよう、必ず受け取った社員に受領証を提出してもらうことが大切です。

■ 除外認定を受ければ支払わなくてもよい

解雇予告には、除外認定という定めがあります。次のような

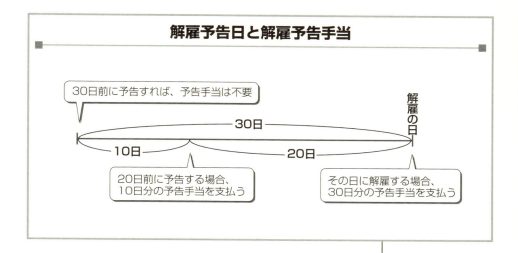

解雇予告除外認定に該当した場合は、社員を解雇する際の解雇予告あるいは解雇予告手当の支払が不要です。
① 天災事変その他やむを得ない事由があって事業の継続ができなくなった場合（地震などの災害により、事業を続けていくことができなくなった場合）
② 社員に責任があって雇用契約を継続できない場合（懲戒解雇事由にあたるような問題社員を解雇する場合などのことで、社内で窃盗、横領、傷害といった刑法上罰せられるような犯罪行為を行い、重大な服務規律違反や背信行為に該当した場合）

ただし、解雇予告除外認定の要件に該当した場合であっても、労働基準監督署長の認定を受けていない場合には、通常の場合と同じように、解雇予告あるいは解雇予告手当の支払を行う必要があります。

解雇予告除外認定に該当するためには、原則は事前の申請が必要です。しかし、実際に除外認定に該当する内容で解雇を行ったという事実がありさえすれば、事後の申請でも認められます。申請には、解雇予告除外認定申請書の提出が必要です。

解雇予告手当と経理上の処理

解雇予告手当を支払って即日解雇する場合、その手当金には社会保険料がかからない。解雇予告手当は賃金ではなく退職所得として計上されるためである。
解雇予告手当を支払う場合には、通常の解雇予告とは経理上の処理が異なるため、実行する場合には注意する必要がある。

PART4 10

その他労務管理の注意点

退職勧奨

会社側から社員に辞めてもらうように働きかけること

■ 解雇と退職勧奨の違い

　会社が社員を辞めさせる際の方法には、解雇以外にも、「退職勧奨」というものがあります。

　解雇とは、使用者が一方的に労働者との雇用契約を解除することです。しかし、経営者の都合で簡単に社員を辞めさせることが認められてしまうと、社員は常に「いつ辞めさせられるか」という不安にかられ、安心して働くことができなくなります。

　こうした理由から、解雇には法律上の制約や裁判所の解釈上の制約を与え、簡単に実行することができないしくみになっています。

　一方、退職勧奨とは、使用者である会社側が労働者である社員に対して会社を辞めてもらうように頼むことです。退職勧奨の場合、会社側の申し出に対する決定権が社員にあるため、辞めるかどうかは社員に任されます。退職勧奨には解雇に比べると影響力が弱いため、法律上の禁止事項はありません。退職勧奨に関する規定が就業規則や雇用契約書にない場合でも、経営者は自由に退職勧奨を行うことができます。

　また、退職勧奨には、退職予定日の30日前までに予告をする義務や、解雇予告手当を支払う義務は一切ありません。しかし、退職勧奨の場合は退職金を上積みするなどの方法を取り、円満退職となるように工夫する企業が多いようです。

　このように、解雇と比べ自由度が高いといえる退職勧奨ですが、退職勧奨のやり方があまりに強引でしつこい場合は「退職強要」ととられ、違法となる場合があります。退職強要が認め

退職

使用者からの一方的申し出である解雇以外の労働契約の終了を退職という。退職は、死亡や行方不明を別にすれば、労働者からの申し出または労使の合意によって行われる。退職の種類には、自己都合退職、契約期間の満了、休職期間満了後の退職、定年退職などがある。

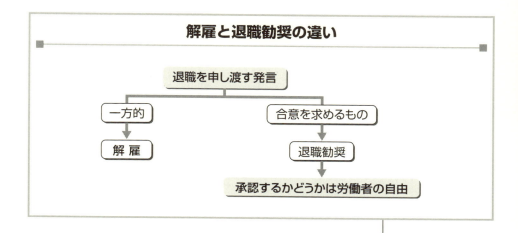

られた場合は、社員から慰謝料を請求されるケースもあります。

■ 退職勧奨の手順

　原則として、退職勧奨は、まず対象となる社員の直属の上司が行います。ここで注意しなければならないのは、退職勧奨を行う人は会社に残る立場にあり、対象者は会社を出て行かなければならない立場にあるという点です。

　退職勧奨を行う上司と退職勧奨を受ける社員は、本来会社が経営難に陥らなければ、肩を並べて会社の利益のために協力し合う関係にあったはずです。退職勧奨を行うのが経営者（社長）である場合には、「会社の存続のため」と割り切って冷静な判断をすることが可能かもしれません。しかし、会社勤めをしている人が自分と同じ立場の社員に対して退職勧奨を行うことは、心情的に辛いものがあります。そして、退職勧奨を受ける社員の精神的な負担は、さらに大きいといえます。

　退職勧奨を行う目的はあくまでも人件費の削減であり、社内の人間関係を悪化させることではありません。一人あたり3回ほどの面談を終えても予定人数に達しないような場合は退職勧奨に固執せず、整理解雇に移行したほうがよいでしょう。

行き過ぎたリストラ
リストラも行き過ぎると不法行為となり、「退職強要」扱いとして損害賠償（慰謝料）の請求が認められる場合がある。

整理解雇
経営不振による合理化など、経営上の理由に伴う人員整理のこと。

PART4 11
その他労務管理の注意点

解雇や退職の手続き

理由を明記した証明書を交付する

■ 解雇通知書・解雇理由証明書とは

　社員を解雇する方法として、口頭で解雇を伝えることは法的にも認められています。しかし、後の争いを避けるために、書面で通知を行っておくほうが安心です。

　解雇の通知を伝える書面には、解雇を予告する場合には「解雇予告通知書」といった表題をつけ、解雇する相手、解雇予定日、会社名と代表者名を記載した上で、解雇の理由を記載します。

　就業規則を定めている会社の場合には、解雇の理由とともに解雇の根拠となる就業規則内の条文を明記し、その社員が具体的に根拠規定のどの部分に該当するのかを詳しく説明するようにします。また、社員を即時解雇する場合には、表題を「解雇通知書」とし、解雇予告手当を支払う場合にはその事実と金額もあわせて記載します。

　解雇予告通知書、解雇通知書に詳細を記載しておくことで、仮に解雇された元社員が解雇を「不当である」と訴訟を起こした場合でも、解雇理由を明確に説明しやすくなります。

　なお、解雇の理由を記載した書面を「解雇理由証明書」といいます。解雇理由証明書は、会社から解雇した社員に対して交付する書面で、解雇した元社員から求められた場合、すでに解雇通知書を渡していた場合でも、解雇理由証明書を交付しなければなりません。

　また、解雇の予告期間中に予告を受けた社員から交付を求められた場合も、交付をしなければなりません。

解雇理由証明書の記載事項

解雇した相手（解雇予告期間中に交付する場合には、解雇の予告をした相手）、解雇した日時（解雇予定日）、解雇の理由を明記する。就業規則を作成する義務のある会社の場合には、解雇理由に加えて就業規則の根拠規定も記載しなければならない。

具体的な事実の記載

「書面を交付する」ということは、解雇された社員に対して、会社がその社員を解雇した理由を明示することを意味する。解雇を行う場合にはその解雇が正当な理由によるものであることを証明できるような裏付けを積み重ねておくこと、そして解雇通知書や解雇理由証明書に具体的な事実や理由を記載しておくことが大切である。

社員の退職の際に必要になる手続き

雇用保険	退職前	・雇用保険被保険者証を退職者に返却する ・失業等給付を受給する手続きと求職の申込みについての説明をする
	退職後	・退職者への離職票の交付、資格喪失届の提出
社会保険	退職前	・退職者から健康保険証を返却してもらう ・年金手帳を預かっている場合には、退職者に返還し、年金の切り替え手続きについてアドバイスをする
	退職後	・退職者が任意継続被保険者になる場合、その旨の手続きの説明を行う ・年金事務所への厚生年金の資格喪失届の提出

■ 退職証明書の記載内容には注意が必要

　退職証明書とは、社員が退職に至るまでの経緯を証明する書類です。退職した社員が会社に対して退職証明書の交付を請求した場合は、会社には速やかに交付する義務があります。

　退職証明書の記載内容は、その社員の雇用期間、従事していた業務、在職時の地位や役職、賃金または退職の事由などです。退職の事由が解雇の場合には、解雇の理由も含まれます。

　ここで注意すべきなのが、会社は退職した社員が請求する事項以外の内容を退職証明書に記載してはいけないということです。

　とくに、社員の退職の事由が解雇である場合には、特別の配慮が必要です。社員が退職証明書に解雇理由の記載を求めなかった場合は、会社側は解雇の理由を記載することはできません。

　また、社員の退職時には雇用保険・社会保険事務の処理も必要です。社員自身の署名などが必要な書類もあるので、事前に準備を行った上で、手続き漏れがないように心がけます。

> **退職証明書の使い道**
> 保険を切り替えようとする際に、退職証明書が必要になる。

> **記載事項の確認**
> 退職した社員から退職証明書の交付を請求された場合、請求されている記載事項が何かを確認した上で退職証明書を作成することになる。

PART4 12 懲戒処分の種類と制約

その他労務管理の注意点

使用者は自由に懲戒処分を行うことはできない

■ 会社の秩序を保つためのペナルティ

会社では複数の労働者を雇用するため、服務規律や職場の秩序など、働く上での会社のルールをしっかり定めて、会社の目的に沿った会社活動を徹底することが必要です。労働者が会社のルールを破って職場の秩序を乱した場合、使用者は会社の秩序を維持するため、労働者にペナルティ（懲戒処分）を科すことになります。

■ 懲戒処分の内容について

労働者に懲戒処分を科す場合には、就業規則の中で処分の対象と懲戒処分の種類を具体的に定める必要があります。懲戒処分では、原則として以下のような内容を段階的に行います。

① 戒告・譴責

将来を戒めることを戒告、始末書を提出させることを譴責といいます。戒告と譴責は、懲戒処分の中ではもっとも軽い処分ですが、昇給、昇格、賞与など、一時金の査定において不利な評価がなされる場合があります。

② 減給

懲戒処分における減給とは、会社の秩序を乱したことに対するペナルティ（制裁金）のことです。このペナルティの額を不当に高く設定し、労働者の生活が脅かされることがないよう、労働基準法91条では減給できる額に制限を設けています。

ただし、会社に実際に損害が発生した場合、会社は減給とは別に受けた損害の賠償を労働者に請求することができます（民

問題社員と懲戒処分

自分の権利ばかりを主張する労働者は理論武装しており、使用者側がこれに対抗するのは難しい場合がある。たとえば、「就業時間前の掃除に参加しない」といったケースにおいて、「とくに遅刻をしているわけではない」と言われた場合、それを理由に解雇や減給といった懲戒処分をすることはできない。服装や髪型についても「規則違反をしていない」と言われた場合、裁判のときに会社側が負ける可能性が高くなる。

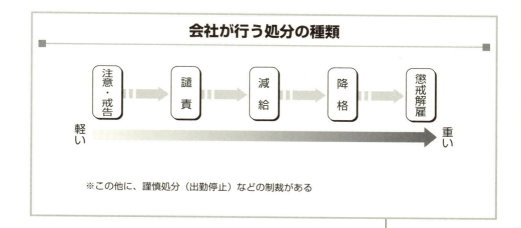

※この他に、謹慎処分（出勤停止）などの制裁がある

法415条）。たとえば火気厳禁の場所でたばこの火の不始末から会社の重要な機材を焼失させてしまった場合に、減給処分と一緒に機材の弁償を請求するような場合です。

③　停職（自宅謹慎、懲戒休職）

懲戒処分として、一定期間出勤させないという処分です。

停職の間は給料が支払われないため、結果として停職期間は減収扱いとなります。なお、出勤停止による減収には、減給の場合の労働基準法91条の制限はなく、停止期間は２週間以内程度とするのが一般的です。

④　諭旨解雇

本人の自発的退職という形で解雇することです。処分理由が懲戒解雇の場合よりも少しだけ軽く、本人が会社に功績を残している場合などに行われます。また、諭旨解雇に応じない場合は、懲戒解雇扱いとするというケースも多いようです。

⑤　懲戒解雇

もっとも重い処分です。会社の都合で行う普通解雇や整理解雇と異なり、本人の不行跡を理由に解雇するものです。懲戒解雇の場合は、解雇予告や解雇予告手当の支払は不要です（ただし、懲戒解雇が正当であるとする労働基準監督署長の解雇予告

懲戒処分としての減給

根拠として就業規則上に懲戒の事由・種類についての規定が置かれていることが必要である。減給の額については、労働基準法91条により「１回の額が平均賃金の１日分の半額を超え、総額が１賃金支払期における賃金の総額の10分の１を超えてはならない」という制限が設けられているため、注意する必要がある。

除外認定が必要です)。また、この場合は即時解雇が認められます(労働基準法20条1項ただし書)。

他の解雇と比べて本人に大きな不利益が生じる処分のため、事実上、再就職が困難になる場合があります。そのため、懲戒解雇の適用には、他の解雇以上に厳しい条件が課されています。

懲戒解雇は、本人に一切の弁明の機会も与えずに行うことはできません。懲戒解雇が許される事由には、職場や会社の秩序を乱す行為や服務規定違反を繰り返す場合、窃盗や傷害、詐欺などの犯罪を行うなど、会社の名誉を著しく汚し、信用を失墜させた場合、私生活上の非行などが考えられます。

なお、懲戒解雇された労働者には退職金の全部または一部の支払いは行われないのが通常です。

■ 裁判所は懲戒処分を認めないことが多い

裁判所では、懲戒解雇を非常に厳しく判断する傾向にあります。裁判で懲戒解雇の有効性が争われた場合、規律違反による会社の損害や個人の勤務態度などの諸事情を考慮して、「懲戒解雇もいたしかたない」という場合に限り、懲戒解雇が認められます。

一般的に、就業規則に懲戒解雇事由が列挙されているだけでは、懲戒解雇にするには不十分で、同様の行為で懲戒解雇にした先例の有無などの諸事情を考慮し、処分が適正な手続きに基づいてなされたかを検討します。

■ 私生活上の非行を理由とする懲戒処分は有効か

就業規則における懲戒解雇の事由には「会社の名誉を汚し信用を失墜させた場合」という条項が多く見受けられます。私生活上の非行であっても、会社の名誉、体面、信用が傷つけられた場合には懲戒処分にできるとする規定です。このような就業規則は果たして有効なのでしょうか。

懲戒解雇と解雇予告

解雇する社員に懲戒解雇事由がある場合には、労働基準監督署長の認定を受ければ解雇の予告は不要である。

解雇予告や解雇予告手当の支払いをせずに問題社員を懲戒解雇処分とするためには、労働基準監督署長の除外認定を受ける必要がある。この認定を受ける手続きは、通常申請してから2週間から1か月程度の期間がかかる。その間に、その社員に懲戒解雇事由があるかどうかの事実認定が行われる。場合によっては該当する社員や関係者を対象とする聞き取り調査が実施されることもあるので、事業所を管轄する労働基準監督署に除外認定を申請する場合には、あらかじめ十分な証拠をそろえておくようにしたい。

メリルリンチ・インベスト・マネージャーズ事件

東京地裁平成15年9月17日。秘密保持義務違反を理由としてなされた労働者への懲戒解雇処分の有効性を争った例。企業の従業員は、顧客に関する情報を、会社の許可なしに業務以外の目的で使用し、第三者に開示し、交付することは、特段の事情がない限り許されない。しかし、本件では交付目的は不当ではなく、「特段の事情」が認められるため、秘密保持義務違反とは言えず、懲戒解雇は無効とされた。

懲戒処分のしくみ

問題発生

就業規則に定められた懲戒事由にあたるか → あたらない場合は懲戒できない

＜懲戒事由＞
①重要な経歴の詐称、②勤務成績の不良、③業務命令違反
④会社施設・財産の破壊、⑤窃盗、⑥事業所内外での非行
⑦会社の機密・営業上の秘密の漏えい
⑧業務遂行に関する金品受領　など

労働者の非行の程度と処分のバランスを比較検討

労働者の弁解を聞く機会を設ける（適正手続き）

＜懲戒処分の種類＞
①戒告・譴責、②減給、③停職（自宅謹慎、懲戒休職）、
④諭旨解雇、⑤懲戒解雇

懲戒処分の決定

　労働者は、就業時間の間に限り、労働力を提供し、使用者の指揮命令に従っているにすぎません。つまり、労働者は私生活まで、使用者から支配・干渉されるものとはいえないのです。したがって、懲戒処分は会社の秩序を維持するためのものであり、労働者の私生活上の非行を理由として懲戒処分に処することは原則としてできないといえます。しかし、現実には労働者の私生活上の非行によって会社が社会的な信用を失い、秩序維持が損なわれる場合があります。そこで、このような場合には、例外的に懲戒処分を行うことができる、とされています。

懲戒解雇と退職金
懲戒解雇は解雇者の再就職にも大変な影響を与えるため、表向き普通解雇の形が採られることもあるが、その場合には使用者は解雇者に退職金を支払わなければならない。

PART4　その他労務管理の注意点

Column

マタニティ・ハラスメントをめぐる問題点

　マタニティ・ハラスメント（マタハラ）とは、職場環境において、女性に対して行われる妊娠・出産に関係するさまざまな嫌がらせのことです。たとえば、産休、育休を請求するとあからさまに嫌な顔をする、産休・育休明けの復帰の際に勤務を継続できないような部署への異動や降格を言い渡す、遠回しに退職を勧奨するといったことが挙げられます。

　マタハラに遭った女性の中には、「職を失った」「体調を崩した」「流産した」など、重大な被害を受けている人もおり、社会的にも看過できない問題として注目されるようになりました。そんな中、平成26年10月23日、「妊娠をきっかけとする降格は男女雇用機会均等法違反」とする最高裁の判断が下されました。原告の女性は副主任というポストに就いていましたが、妊娠時に負担の軽い業務への配属替えを希望したところ、異動と同時に副主任の任を解かれました。原告の女性はこの人事について「妊娠を理由とした降格であり、均等法違反である」として勤務先を相手取り、損害賠償を求めて提訴しました。一審、二審では女性が降格に同意していたとして訴えを退けていましたが、最高裁は「降格について女性の明確な同意はなく、事業主側に特段の事情があるとは言い切れない」として二審判決を破棄し、差し戻しました。

　この最高裁判決は、マタハラに対する１つの指針となるものです。また、最高裁判決を受けて、厚生労働省は、平成27年１月23日に男女雇用機会均等法および育児・介護休業法の解釈通達を改正しています。事業者は最高裁判決や通達をふまえ、「どのような働き方を望んでいるか」という点について妊娠・出産をした女性労働者と話し合い、同時に職場環境の整備や法に準じた労務管理の徹底を進めなければなりません。

PART 5

マイナンバー制度と実務ポイント

PART5 1 マイナンバー制度の全体像

マイナンバー制度と実務ポイント

民間企業はマイナンバー制度への対応が必要になる

マイナンバー制度とは

平成25年に「行政手続における特定の個人を識別するための番号の利用等に関する法律」（通称マイナンバー法）と関連法案が成立した。これに伴い、平成27年10月より、住民登録されているすべての住民と法人を対象に、それぞれ個人番号・法人番号が通知・利用される新しい制度が実施される。おもに、社会保障や租税に関する分野において、個人番号や法人番号が利用されることから、社会保障・税番号制度またはマイナンバー制度と呼ばれている。

■ 法人番号と個人番号の取扱い

　マイナンバー制度の交付・通知については、個人番号と法人番号では取扱いが異なります。法人番号の場合は、ネットでの照会が可能になる予定です。これは、法人という存在に対するプライバシー配慮の必要性があまり高くないことから定められています。

　一方、個人番号の場合は、ネットで公開されることはなく、個人番号カードの交付により個別に知らされます。個人番号は、重要な個人情報の照会につながることから、個人のプライバシーを保護するため、非公開とされています。

　マイナンバー制度では、個人番号カードが基本情報と一体管理されています。たとえば、年金の請求などを行う場合に準備する書類の数が削減されるなど、行政サービスを受けるために処理しなければならない事務手続きが簡素化される狙いがあります。

■ 民間企業のマイナンバー収集・運用

　民間企業でも、マイナンバー制度への対応が必要です。マイナンバーの利用対象とされる社会保障・租税の各手続きにおいて、たとえば従業員等の所得税にかかわる源泉徴収を受け持つ民間企業は、マイナンバー制度の重要な当事者だといえます。

　前述の源泉徴収の場合、民間企業は従業員の所得状況を正確に把握するため、従業員に対して、直接「個人番号」情報を収集しなければなりません。なお、従業員からマイナンバーを取

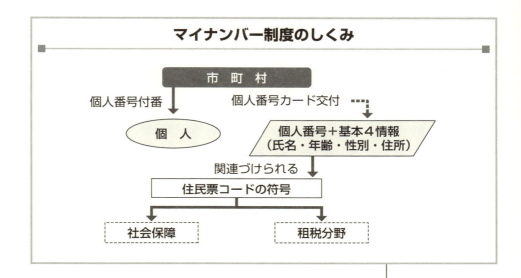

得する場合は、マイナンバーの利用目的をあらかじめ明らかにした上で、本人確認の作業が必要という、厳しい規定がなされています。マイナンバーは、「社会保障・税・災害対策」の分野でのみの使用が許されるものです。そのため、入手した情報をただ集めておくだけでは足りません。使用目的以外の理由での使用を固く禁じ、他者や他機関に公開されないよう、会社の情報管理体制を確立しておく必要があります。

■ どんな分野の事務に関係するのか

社会保障に関連する事務とは、たとえば、従業員等の健康保険に関する「被保険者資格取得届」「健康保険等被保険者資格取得書」「被扶養者届」などのことです。また、租税の分野に関連する事務には、源泉徴収を行うにあたる源泉徴収票の作成、被控除等の申告、財産形成非課税住宅貯蓄申告書などがあります。また、預貯金口座の管理のための利用や医療分野での利用、地方公共団体の要望による利用（福祉分野など）があります。

> **社会保障に関する事務**
> 民間企業が行う社会保障手続等については、従来は法律によって、明確な手続規定等があったわけではない。マイナンバー制度による規制対象になったことで、マイナンバー制度の運用等についての手続等を周知させる措置をとらなければならない。

PART5　マイナンバー制度と実務ポイント

PART5 2 人事労務担当者がしなければならないこと

マイナンバー制度と実務ポイント

制度の正確な理解と適切な管理・収集体制の確立が必要である

■ 利用範囲は限られている

民間企業における、とくに人事労務におけるマイナンバー制度への対応が必要な事務は次の分野に限定されています。

たとえば、従業員等の健康保険に関する「健康保険・被保険者資格取得届」です。人事労務担当者は、新たに従業員を雇用するような場合、「資格取得届」などを作成します。この書類では、従業員の基礎年金番号の記入が必要になるため、年金手帳等を紛失した場合には、年金事務所で再交付を受けなければなりません。また、資格取得届の提出時に本人確認が必要になるため、とくに運転免許証などを持っていない場合には、区役所や市役所等から、住民票や印鑑登録証明書をそろえるなど、複数の機関を通じて用意しなければなりません。そのため、手続きが煩雑になるという問題点がありました。マイナンバー制度がスタートすることで、企業は、マイナンバーを個人の氏名などの基本情報等に結びつけ、大量・かつ正確な従業員等の情報を入手できます。その他、社会保障の分野で、民間企業が対応を迫られる手続書類については「健康保険傷病手当金支給申請書」「限度額適用認定申請書」なども挙げられます。

企業がマイナンバーに関する事務として対応が必要な内容には、他には租税や預貯金分野などがあり、今後も多様化していくことが想定されます。

■ 人事労務担当者はどんなことに気をつけるべきなのか

民間の企業には、マイナンバーに対する努力義務が課せられ

努力義務
遵守するように努力しなければならないが、違反しても罰則などが科せられない義務のこと。

番号の利用範囲

現在想定されている個人番号の利用範囲		
社会保障分野	年金	資格取得・確認、給付の際に利用する (例) 国民年金、厚生年金など
	雇用	雇用保険の資格取得、給付などに利用する (例) 失業給付、雇用安定などハローワーク事業など
	医療・福祉	保険料の徴収手続き・医療保険の給付、特定健診や予防接種履歴の管理などに利用する (例) 生活保護の決定事務、健康保険の給付に関する事務
租税分野		所得税の確定申告書など 源泉徴収票の作成事務など
預貯金口座		預貯金口座へ付番し、社会保障制度や税務調査などで用いられる
災害・その他の分野		災害発生時の本人確認手段として用いられる 要支援者に対する預金の引出等のために用いられる 地方公共団体の要望による雇用、障害者福祉分野などに用いられる

ています。具体的には、マイナンバー法に可能な限り協力するということです。そのため、企業側が、「当社はマイナンバー法には協力しないので、個人番号は扱わない」という態度はをとることは許されません。

また、個人番号は定められた目的以外に使うことはできません。マイナンバー法はもともと行政手続きを行う際に、情報を管理しやすくし、手続きを迅速に行うために制定されました。そのため、人事労務担当者がたとえば個人番号を名前の代わりに使用することは許されません。

■ どんな準備をしておくべきなのか

マイナンバー制度の対象になる個人、法人の側では、制度導入に向けたさまざまな準備が必要です。

マイナンバー制度が実施されることにより、行政サービスをより効率的・効果的に利用していくために整えておくべき事項には、次のとおりです。

個人番号利用事務の委託について

個人番号利用事務と個人番号関係事務の委託には制限がある。企業の内部に個人番号等の管理体制を構築することはできないため、他の企業等に、個人番号の管理を業務委託することを検討するケースがある。しかし、これには制限があり、受託者側の適切な監督が求められる。そのため、企業は業務の委託先を慎重に選ぶ必要があり、場合によっては自社で行ったほうがよいこともある。

① 制度の対象になる事務を把握する

　2016年1月から本格的に実施されるマイナンバー制度は、社会保障・租税・預貯金口座・災害などの分野からスタートします。対象となる事務は、今後も拡大して行くことが予定されています。

　そこで、マイナンバー制度が導入されることで、行政サービスの申請・利用等においてどのような場合に個人番号の提示が必要になってくるのかを正確に理解する必要があります。

　マイナンバー制度は民間企業の業務に大きな影響を与えるため、企業側の適切な準備が欠かせません。たとえば、民間企業で行われる年末調整関係書類の作成などにあたり、従業員の個人番号を提示・記載する必要があることなどです。そこで、どんな書類等の提出等の手続きで、従業員の個人番号が必要であるのかを確認すると同時に、企業内部の担当部署の確認などが必要です。対応すべき業務を漏れなく把握する方法には、工程表の作成などが有用です。

② 従来の業務の修正・必要な体制づくりをする

　まず、マイナンバー制度が導入されることで、従来の業務方法の中で変更が必要になる場合や、それを修正する必要があるかを確認する必要があります。

　たとえば、企業が作成する従業員等に関する書類などに個人番号の記載欄が加えられるなど、提出にあたって記載すべき事項に変更が生じる場合があります。スムーズに制度の変更に対応するためには、「どのような手続きについて、個人番号や法人番号の提示・記載が必要になるのか」を確認しておかなければなりません。

　また、小規模な企業でも従業員の個人番号を取り扱うことが必要です。そのため、これまで企業の内部に、従業員の個人情報を収集・管理する部署などを持たなかった場合、システム構築が必要です。

マイナンバー法の適用対象

個人番号を取り扱う企業には、取り扱う情報の数に限らずマイナンバー法が適用される。個人番号等を1つでも扱う企業はすべて適用になるため、どの企業も、個人番号等の管理・監督体制を十分に構築する必要がある。

民間企業のスケジュールの流れ

2015.10　個人番号・法人番号の通知開始
⇨ マイナンバー制度に対する正確な理解、安全管理措置を整える

2016.1　マイナンバー制度運用開始
- 税務　2017.1末に提出する源泉徴収票などについて、マイナンバーの記載が必要になる⇒従業員等の個人番号を収集しておく必要がある
- 社会保障　2016.1以降、雇用保険の被保険者資格取得届などにおいて、マイナンバーの記載が必要になる（基礎年金番号との連結は以後に実施予定）
- 安全管理措置の見直し

とくに2017年1月からは、民間企業は、健康保険や介護保険などに関係する届出書類等について、マイナンバー制度に完全対応しなければなりません。そのため、各企業は2016年末までに従業員等の個人番号を収集・管理するシステムを完備しておく必要があります。

③　個人番号・法人番号の安全性確保のための適切な管理

個人番号に関しては、プライバシーに対する配慮が必要です。つまり、マイナンバー制度は、国民にとって大きなメリットをもたらすことが期待されている反面、個人番号流出時には、その個人番号に結びついている多くの個人情報が一度に拡散する危険性をはらんでいます。

そこで、民間企業においては、担当部署を設けて、個人番号等の管理体制を確立しておく必要があります。また、マイナンバー法では、罰則を設けて個人番号・法人番号の保護を図っています。これらの罰則等についても適切に把握した上で、個人番号等の取扱いなどにあたりどのような行動が許され、または許されないのかを知り、正しく制度の運用が行われることが期待されています。

PART5 3 社会保険に関する取扱事務

マイナンバー制度と実務ポイント

年金保険、医療保険、介護保険、雇用保険、社会福祉
各種手続きへの対応が必要になる

■ どんな手続きが対象になるのか

社会保障手続きには、年金保険、医療保険、介護保険、雇用保険、社会福祉などがあります。これらの社会保障手続きについてマイナンバーによる事務処理に対応させる必要があります。

■ 雇用保険関係

マイナンバー制度との関係で、雇用保険に関する事務処理が必要になる場合には、ハローワークに提出する被保険者資格取得届の受理・審査が典型例として挙げられます。届出の際に、必要書類に従業員の個人番号を記載する必要があります。

■ 労災関係

労災に関しては、労働基準監督署等に提出する書類に対して、法人番号を記載しなければなりません。具体的には、労災保険の保険料徴収等に関する手続きで提出する書類が多く、たとえば保険関係成立届、加入申請書類、確定保険料申請書類において、マイナンバーの記載が必要です。

■ 健康保険、厚生年金の適用関係

健康保険や厚生年金をはじめとした帳票に関しては、マイナンバーを記載することが義務づけられるとともに、帳票を一元化することが求められます。マイナンバーの記載が要求される書類としては、「健康保険被扶養者（異動）届」などが挙げられます。なお、健康保険・厚生年金保険の新規適用届を提出す

雇用保険関係

本文記載以外にも、従業員等の個人番号を記載しなければならない書類として、資格得喪届、高年齢雇用継続給付申請に関する手続き、育児休業給付金の申請書類などがある。

健康保険・厚生年金

現在のところ、マイナンバーの記載義務が想定されていない書類等に対しても、マイナンバー制度運用開始以後、健康保険組合が事務処理をする際に、別途マイナンバーの記載を要求していく場合が考えられる。

マイナンバーの記載が必要になるおもな届出書類

雇用関係	⇨ 被保険者資格取得の届出のための書類 ⇨ 資格得喪届に関する書類 ⇨ 高年齢雇用継続給付申請に関する書類 ⇨ 育児休業給付金申請に関する書類
労災関係	⇨ 保険関係成立届に関する書類 ⇨ 加入申請書類 ⇨ 確定保険料申請書類
健康保険・ 厚生年金関係	⇨ 資格取得届に関する書類 ⇨ 傷病手当金申請書類 ⇨ 限度額適用認定の申請書類 ⇨ 出産手当金の申請書類

る場合には、企業側は、法人番号の記載が必須です。

■ 健康保険関係の給付

健康保険に関する手続きは、原則として、被保険者が直接健康保険組合に対して、必要書類を提出して行うことが予定されています。具体的には、傷病手当金の申請や、限度額適用認定の申請、特定健康診査情報の管理などにおいて提出する書類が対象になります。もっとも実際上の取扱いにおいては、健康保険関係の書類は、従業員である被保険者自身ではなく、その従業員が従事する事業所の事業主を経由して、必要書類が健康保険組合に対して提出される場合が多くあります。

■ いつから番号を記載しないといけないのか

雇用保険に関しては、2016年1月以降の書類から、マイナンバーの記載が必要です。その一方で、健康保険・厚生年金保険に関する書類については、2017年1月以降より、関係書類への記載範囲が随時拡大されていきます。

**被扶養者の
本人確認手続き**

健康保険被保険者が扶養する者に対しては、マイナンバーの提示に伴って必要になる本人確認手続きは、被保険者である従業員等が行うものとされている。

PART5-4

マイナンバー制度と実務ポイント

マイナンバー導入の手続き

企業はすべての雇用形態の者から個人番号を取得する必要がある

■ 番号を取得して書類を提出しなければならない

　マイナンバー制度が実施された場合、たとえば年金等の分野で日本年金機構に提出する書類において、個人番号や法人番号の記載は、個人の氏名等と同じレベルで、当然に記載が要求される事項になります。

　とくに民間企業においては、年末調整にあたって提出する書類において、従業員の個人番号の記載が必須になることから、従業員等の個人番号を事前に取得しておく必要があります。

　従業員等の番号を取得する行為は、マイナンバー法は、民間企業の義務として規定されているわけではありません。あくまでも、従業員等の個人番号を「取得することができる」と規定されることにとどめています。

　しかし、マイナンバー制度が実施されると、個人番号・法人番号の記載は、書類提出時の必須項目であり、個人番号等の記載を欠く書類は、行政機関に受理されないことが想定されます。したがって、法律上は義務ではありませんが、民間企業は、従業員等の個人番号を取得しておく必要があることになります。

　そこで、企業側では、採用等の人事の段階で、個人番号の取得と本人確認の両方を済ませておく必要があります。そして、取得した個人番号を適切に管理して、取得した個人番号等をいつでも提示できるように備えておくことが重要です。

■ 企業規模に関係なく番号を取得しなければならない

　マイナンバー法は、従来の個人情報保護法の特別法としての

従業員が拒否した場合

企業側が従業員の個人番号等を取得しなければならない場合でも、従業員側に個人番号等を提示する義務はない。従業員等が番号の提示を拒否した場合には、企業としては、その従業員に関する提出書類において、個人番号等の記載が必須であることを従業員等に伝え、提示が受けられなければ、手続きにおいて支障があり、従業員等本人が、健康保険など適切な行政サービスを受けることができないおそれがあることを伝える必要がある。それでもなお提示を受けられない場合には、その書類の提出先の行政機関の判断を仰げばよい。

全従業員から番号を取得する

- マイナンバー法 → 従業員等の「個人番号を取得することができる」
- マイナンバー制度 個人番号の記載は、提出書類の必須項目になっている
  → 従業員等全員の個人番号の取得が必要
- 「すべての雇用形態」の者の個人番号を取得するとの規定 →
  - 正社員
  - 契約社員
  - 嘱託社員
  - パート・アルバイト

位置づけで成立した法案です。

マイナンバー制度の下では、従業員等の社会保障や租税の分野で、企業が提出する書類について、個人番号等の記載が必要です。そのためすべての事業者が、従業員等から個人番号等を取得しておく必要があります。

■ パートも含む全従業員から番号を取得する必要がある

民間企業が取得しなければならない個人番号は、どの範囲までの従業員からの取得が必要となるのでしょうか。

この点に関してマイナンバー法では、企業側は給与支払いを行う「すべての雇用形態」の者の個人番号等の取得が必要であると規定しています。つまり、正社員はもちろん、契約社員、嘱託社員、パートやアルバイトを含む、全従業員から個人番号の提示を求める必要があります。高校生などの学生のアルバイトや、期間工、季節等が限定されている短期間のアルバイトであっても、これらの者の個人番号を取得しなければなりません。

個人番号に対する厳格な規制

個人番号がプライバシーと深く関係することから、罰則等の対象になっているため、企業は個人番号等の利用・管理にあたって、厳格な規制に服することになる。

PART5
5 番号の取得・通知

通知された個人番号の取得には本人確認手続きが必要である

マイナンバー制度と実務ポイント

■ 個人番号と法人番号がある

　マイナンバー制度によって、実際にマイナンバーを取得することができるのは、個人と法人です。したがって、マイナンバーには、個人番号と法人番号の2種類があります。それぞれの概要は以下のようになります。

　個人番号は、12桁の数字から構成されています。そして、マイナンバー法では、個人番号を取得できる対象者は、「住民登録をしているすべての人である」と規定されています。したがって、住民登録をしている日本国籍を持つ人はもちろん、外国人（中長期在留者や特別永住者など）であっても、住民登録をしている場合には、マイナンバーを取得することが可能です。

　一方、法人番号は13桁の番号により構成される番号で、設立登記をしたすべての法人を対象に、通知・取得をすることができます。マイナンバー制度が導入された後は、とくに企業において重要である租税関係の手続きにおける提示が必要になるため、マイナンバーを取得、利用するためには、法人番号が割り当てられる段階で設立登記を済ませておく必要があります。

■ 番号は原則として変えることができない

　マイナンバー制度によって通知・取得が可能になる個人番号や法人番号の変更については、次のとおりです。

① 個人番号

　個人番号はいったん取得すると、原則として一生変更することはできません。したがって、個人は一生涯同じ番号を使い続

海外に在住している人

日本国籍を持っている人であっても、海外に在住している人は、帰国後住民票の登録を得なければ、マイナンバーの対象外である。

個人番号について

個人番号 12桁の数字により構成

対象：住民登録をしている全ての人
変更：原則として、一生変更することはできない
通知：地方公共団体により通知される
　　　「通知カード」により通知が行われる（基本4情報）
手続き：本人が手続きを行う⇒あわせて本人確認手続きが行われる

法人番号について

法人番号 13桁の数字により構成

対象：設立登記をしているすべての法人など
変更：一生変更することはできない（例外なし）
通知：国税庁長官により指定
取得：登記されている本店、または、主たる事務所の所在地に送付が行われる

けることが想定され、自由に変更することはできません。

　もっとも、個人番号はプライバシーの問題が深く関係しています。そのため、個人番号が盗まれるなど、不正な方法により第三者に取得された場合、個人の生活に多大な影響・損害を与えるおそれがあります。そこで、個人番号は変更不可であることを原則とした上で、番号が漏えいするなど不正使用のおそれがある場合に限り、本人の申請や市町村の判断で例外的に変更ができるしくみになっています。

② **法人番号**

　法人番号に関しても、個人番号と同様、一度取得した番号を使い続けることが念頭に置かれているため、変更することはできません。また、個人番号とは異なり、プライバシーの問題が生じないと考えられているため、個人番号のような例外的な措

置はとられていません。

■ 個人の番号はどのように通知されるのか

マイナンバー制度は2016年1月より実施されますが、それに先立って2015年10月より個人番号の通知が始まります。

この通知は各地方自治体によって行われ、2015年10月の時点で、各個人の番号が自動的に決定されます。

そして、決定された個人番号は「通知カード」という形で個人に通知されます。これは、市町村が行うとされているものの、実際には市町村から委託を受けた「地方公共団体情報システム機構」が通知カードの交付業務を処理します。

通知カードには、個人番号と生年月日・性別・氏名・住所（基本4情報）が記載されています。しかし、顔写真等がついているわけではないため、運転免許証などのように、身分証明書として利用することはできません。身分証明書として利用することができるのは、個人番号の取得手続きの中で交付を受けることができる、「個人番号カード」です。名称などが似ているものの、これらの2つのカードは全く別物であることに注意が必要です。

■ 法人の番号はどのように通知されるのか

法人番号は、個人番号とは異なる手続きで通知が行われます。

法人番号の場合、国税庁長官が法人番号を指定し、2015年10月から、個人番号と同様に会社などに対して通知（送付）されます。

会社などの登記法人に対しては、国税庁長官により指定された番号が記載された書面が法人の登記されている本店または主たる事務所の所在地に送付され、これにより法人番号が通知されます。

法人番号の公表

法人番号については、本文記載のようにプライバシーの問題が生じないと考えられ、民間において法人番号が活用されることが望ましいと考えられている。そこで、法人番号が通知された後、その法人の所在地および法人番号などの情報が、原則としてインターネット（法人番号公表サイト）を通じて公表されることになる。

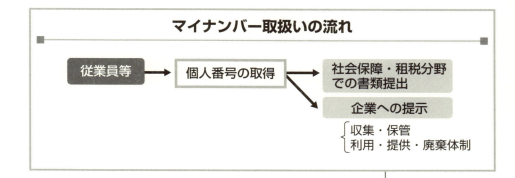

■ 個人番号の取得には本人確認が必要である

　前述のように個人番号の通知は自動的に行われますが、通知された個人番号を基に個人番号を取得する手続きは、個人が自ら行う必要があります。個人番号はプライバシーにかかわるため、取得手続きにおいては、本人確認が必要です。個人には通知カードが送付され、2016年1月から顔写真つきの身分証明書にもなるといわれている「個人番号カード」（ICカード）の発行事務が開始されます。この個人番号カードの交付を受けることで、マイナンバーを提示するとともに、本人確認もあわせて行うことになります。

　なお、個人番号カードの交付を受けていない場合には、通知カードと一緒に運転免許証などの身分証明書を提示することで、本人確認を行ったものとされます。

■ 番号はいつまでに取得する必要があるのか

　個人番号の取得はあくまでも任意です。しかし、個人番号・法人番号ともにマイナンバー制度導入後は、社会保障や租税の分野で必要な書類の提出にあたって、マイナンバーを取得していなければ手続きを行うことができない場合もあるため、これらの手続きに先立って、個人カード（マイナンバー）を取得しておく必要があります。

個人番号カードの取得手数料について

個人番号カードの交付を受けるときは、通知カードを市区町村に返納しなければならない。もっとも、住民基本台帳カードの発行手数料（1000円）が必要であったことが、普及の障害になったことをふまえて、個人番号カードの発行手数料は無料である。

番号の取得手続き

PART5 6
マイナンバー制度と実務ポイント

従業員等から番号の提示を受けて本人確認を行い、番号を取得する

■ 番号の確認と書類を提出してもらうこと

企業は、従業員等から個人番号の提示を受けて、従業員等に行政サービスを提供する機関である「個人番号利用事務実施者」とはいえません。しかし、従業員等の社会保障や租税の手続きのために、税務署等の関係機関との間で従業員等の個人番号を提示しなければなりません。そのため、民間企業等は「個人番号関係事務実施者」と呼ばれ、従業員の個人番号が正しいかを確認する必要があります。企業側が従業員等のマイナンバーに関する手続きをする場合に、従業員等に提出を求める必要書類は、次のとおりです。まず、マイナンバーが記載された書面として、「通知カード」や「個人番号カード」があります。

次に、本人確認書類として、「個人番号カード」が必要です。なお、個人番号カードはなく「通知カード」を提示した場合は、その他の書類として運転免許証などの顔写真つきの本人確認書類を提出してもらうことになります。

必要書類の不備

たとえば、個人番号が記載された書面として通知カードを提出した場合に、本人確認書類には顔写真つき身分証明書などの提出が必要になる。しかし、一部の必要書類が不足するような場合も考えられる。個人番号取得手続きを完了させるためには、必要書類の再提出等を促して、改めて関係機関に対する手続きを完了させる必要がある。

■ どんな流れで何をすればよいのか

企業の人事や総務の担当者が行うべき手順は、おもに次のとおりです。

① **個人番号の提示を受ける**

まず、従業員等から個人番号の提示を受ける必要があります。これには、本人確認の手続きが必要であることなどを含めて従業員等に周知させることで、あらかじめ必要な書類等を準備してもらいます。必要な書類とは、マイナンバー提示書類やマイ

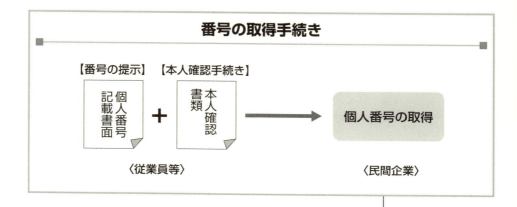

ナンバーを確認するための書類（通知カードなど）、そして運転免許証などの身分証明書などです。従業員等は、これらの書類を企業に提出する必要があります。

② 個人番号の取得

企業側から個人番号の提示を受けた関係機関は、あわせて提示された本人確認書類を用いて本人確認を行います。これに不備がなければ、提出書類の内容が登録され、個人番号取得の手続きは完了します。

■ 収集・保管に際しての注意点

個人番号は、プライバシーの問題を生じさせるおそれがあるため、その取扱いにはきわめて慎重な対応が求められます。

① 収集

マイナンバー法によると、社会保障・租税または災害対策などの目的以外で個人番号を収集することは許されません。

② 保管

収集と同様、目的外の保管は許されません。また、一定期間マイナンバーが記載された書類を保存する期間が定められている場合があります。この場合、定められた期間の経過後は、速やかに、書類を廃棄・削除しなければなりません。

> **個人番号の収集**
> 個人番号の収集とは、ただ個人番号を閲覧するだけではなく、メモをとるなどの行為や、パソコンの画面上に映された番号をプリントアウトして紙媒体化するなどを含む概念であると考えられている。

PART5 7

マイナンバー制度と実務ポイント

本人確認の手続き

企業が本人確認をしなくても従業員等の番号を取得できる場合がある

■ 本人確認のタイミングや方法

個人番号を取得する際に必要になる本人確認手続きは、次のとおりです。

① **対面による本人確認**

本人確認の趣旨は、提出された個人番号が真正であることを確認することと、申請している本人が実際に存在することを確かめることにあります。そのため、この2つの目的を同時に実現するためには、対面による方法がもっとも効果的です。つまり、個人番号の取得を申請する本人が、直接関係機関に出向いて必要書類の提出を行い、その場で本人であることの確認を受けることで、本人確認手続きが行われることになります。

② **書面を送付することによる本人確認**

本人確認書類等を関係機関に送付する方法で、関係機関の担当部署が書類に基づいて本人確認を行います。対面による方法がもっとも直接的ですが、書類送付による方法は企業が従業員等のマイナンバーに関する手続きを行う場合などで広く行われる方法です。

また、現在はまだ整備されていないものの、オンラインにより個人のパソコンなどを通じて、本人確認のための書類を関係機関に提出することができるようになる予定です。

なお、マイナンバー制度においては、個人番号のプライバシー保護の重要性を考慮して、マイナンバーに関する事務を行う必要がある場合にその都度本人確認が必要であるという制度設計を行っています。そのため、本人番号の提示が行われる場

対面による本人確認

対面による本人確認手続においては、「個人番号カード」を持っているかどうかにより、手続きに差が生じる。個人番号カードを持っている場合は、それのみで番号の確認および身元の確認を行うことができる。一方、個人番号カードを持っていない場合は、通知カードなど番号が確認できる書類の他、別途運転免許証などの身元確認書類が必要になる。

書面を送付することによる本人確認

本文記載の書面の送付による本人確認に関連して、メールの送付による本人確認も想定されている。本人確認書類（個人番号カードや番号確認書類および身元確認書類）を撮影またはスキャナなどによりデータ化した情報を電子メールで送信することで、本人確認手続を行う。この場合、送受信の際に、情報が漏えいすることがないように必要な措置を講じる必要がある。

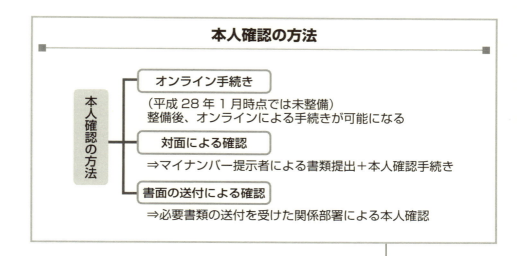

合には、それとあわせて本人確認の手続きをする必要があります。

■ **本人に記載してもらう手続きと書類**

　企業には、マイナンバーが必要となる事務を処理するため、従業員に対してマイナンバーの提示を求める場合があります。

　申請書等が必要となるたびに、該当する従業員の個人番号の提示を求めた場合、提出ごとに企業側が本人確認手続きを行う必要があり、非常に手間がかかります。

　しかし、あらかじめ、企業側が従業員等から個人番号を取得・管理しておけば、企業側が従業員等の個人番号を転記するのみで足り、その都度の本人確認手続きは不要になります。たとえば、従業員等が個人番号カードや通知カードを提示することが困難で、すでに従業員等のマイナンバーに関する記録等を保管している場合などには、当初従業員等に示していた範囲内の事務であれば、初回に本人確認を行って取得したマイナンバーの記録と照合する方法が認められます。

　企業側としては、本人確認手続きを簡素化するという意味において、従業員等の個人番号の収集・保管を適切に行うことが

非常に重要です。

■ 扶養家族の本人確認

健康保険に関する事務手続きなどの、従業員個人に限らず、従業員が扶養する家族に関する事務手続きを企業側が行う場合も考えられます。この場合における本人確認手続きは、次のとおりです。

扶養家族分の個人番号に関しては、原則として、必要書類に扶養家族の個人番号を記載するのみで足り、別途本人確認手続きは不要です。なぜなら、扶養家族については、従業員等本人が扶養している家族の本人確認を済ませた上で、必要書類に記載していると考えられるためです。

したがって、企業側が、従業者等の扶養家族の本人確認まで行う必要はありません。

ただし、例外として、たとえば、「国民年金第３号被保険者」にあたる会社員の配偶者は、国民年金第３号被保険者に関係する書類を、自身で会社に提出しなければなりません。これらは従業員が提出する書類ではないため、配偶者本人の本人確認手続きが行われます。つまり、国民年金に関する事務については、配偶者についての本人確認手続きが必要です。

■ 代理人による手続きにはどんな場合があるのか

本人確認手続きは、個人番号の不正防止や、個人番号の取得申請を行う者の実在確認を目的として行われます。そのため、本人確認は本人自身が行うことが原則です。

しかし、中には代理人によって本人確認手続きが行われることが許される場合があります。たとえば、企業が従業員の代理として、本人確認手続きを行う場合などです。企業側が従業員のマイナンバーに関する事務を処理するような場合は、本人確認手続きも代理して行うほうが合理的であるため、認められて

扶養家族の本人確認

本文記載のように、扶養家族の本人確認において、従業員等が扶養家族の本人確認を行うとされている場合には、従業員等は個人番号関係事務実施者にあたる。

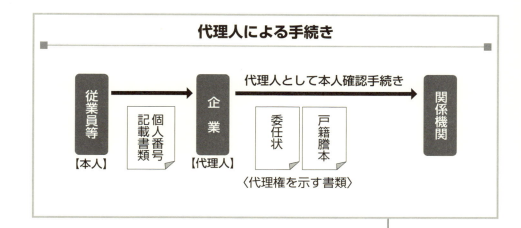

います。なお、企業が代理して本人確認手続きを行うためには、申請書類・個人番号記載書類の他に、委任状を添付して関係機関に提出する必要があります。

また、前述した会社員の配偶者が国民年金に関する事務において個人番号を提示する場合にも、会社員本人を代理人にすることで、配偶者本人の本人確認手続きが不要になります。

■ 代理人による手続きで気をつけたいこと

代理人が本人確認手続きを行う場合には、①代理人に代理権があること、②代理人の身元が明らかであること、の2点について証明をする必要があります。

まず、①の代理権があることを証明するためには、任意代理人の場合であれば本人の委任状、法定代理人の場合であれば戸籍謄本などを提示し、代理人としての地位を示す必要があります。

また、②の代理人の身元証明として、本人の個人番号記載の書類を提出することはもちろんのこと、代理人の身元を明らかにするための書類として、代理人自身の番号カードや、代理人の運転免許証などの身分証明書を提出する必要があります。

本人確認作業の外部に対する業務委託

代理以外でも、本人確認作業を外部に業務委託することができる。とくに企業側が、本人確認手続きを行う事務を外部に委託することで、企業のマイナンバーに関する事務にあたっての負担が軽減され、マイナンバー制度の利用が活発になることが期待されている。もっとも、委託した企業側等は、適切な管理・監督のための体制を整えておく必要がある。

安全管理体制の構築

特定個人情報が漏えいしないように、安全管理体制を整える必要がある

■ 番号利用には制約がある

　個人番号関係事務を処理する者、または個人番号関係事務の全部または一部の委託を受けた者を「個人番号関係事務実施者」といいます。たとえば、従業員の源泉徴収事務についての源泉徴収票の作成は企業が行いますが、これは、従業員のマイナンバーに関する事務を企業側が処理しているといえます。

　このように、直接の当事者ではない企業のような間接的な地位にある主体を、「個人番号関係事務実施者」といいます。

　個人番号関係事務実施者は、直接の当事者ではないにもかかわらず、マイナンバーを取り扱い、事務の処理にあたることが想定されています。

　そのため、取り扱うマイナンバーの利用方法等についてのさまざまな制約があります。前述の源泉徴収の例では、従業員の源泉徴収に関する書類を作成するという目的のために従業員のマイナンバーを用いた事務を行うことが許されています。つまり、マイナンバーには、所定の目的を果たすためだけにのみ、マイナンバーを利用することができるという制限があります。

　また、個人番号関係事務実施者とはあくまでも間接的な地位に過ぎず、本人確認の手続きを経なければ、マイナンバーの提示を受けることはできません。必要がないにもかかわらず、他人にマイナンバーを知らせることももちろん許されません。

　なお、源泉徴収の例では、民間企業が「個人番号関係事務実施者」として、行政機関のように、直接マイナンバーを利用して事務を処理することはありません。

個人番号の利用目的の本人への通知

企業側が、従業員等の個人番号を、源泉徴収等の手続きのために利用するにあたり、利用目的を特定して従業員等本人に対して通知する必要がある。もっとも、個人番号の利用が必要になる事務の内容を通知すれば十分であり、必ずしも個人番号を提出する個別の提出先までを示す必要はない。

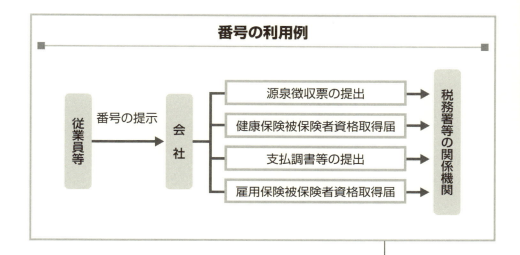

しかし、同様に民間の企業であっても、健康保険組合や企業年金の実施企業として従業員等のマイナンバーを取り扱う場合には、企業はまさにその事務を行う主体としての地位にあるため、「個人番号利用事務実施者」と呼ばれ、個人番号関係事務実施者と区別されます。

■ **特定個人情報としてすべての書類に厳格な安全管理が必要**

マイナンバー制度が導入される以前は、個人情報保護法により、個人情報の保護について定められていました。

しかし、マイナンバー制度が導入されることで、個人のプライバシーに深く関係するマイナンバーに関する情報（特定個人情報）をより手厚く保護する必要性が出てきました。

そこで、1件でも個人等のマイナンバーに関する情報を保有する事業者であれば、マイナンバー法が定める規制の対象になります。

したがって、零細企業などの小規模な事業者に対しても適切な情報管理の義務が課せられ、すべてのマイナンバーが記載されている書類の管理が必要になると考えられています。

> **特定個人情報の安全管理措置**
>
> 企業は、マイナンバーに関する情報を含む特定個人情報の漏えい、滅失または毀損の防止その他の適切な管理のために、①組織的安全管理措置、②人的安全管理措置、③物理的安全管理措置、④技術的安全管理措置という適切な安全管理措置を講じなければならない。また、法律で限定的に明記された場合を除き、特定個人情報を収集・保管することはできない。さらに、マイナンバー等を利用する手続きなどの必要がなくなり、所管法令で定められている保存期間を経過した場合には、マイナンバーをできるだけ速やかに廃棄・削除しなければならない。

■ 特定個人情報の提供や保管の取扱い

マイナンバー等に関する情報を含む個人情報（特定個人情報）は、厳格な規制が定められ、厚く保護されています。

特定個人情報には、個人等のマイナンバーを含む情報すべてが含まれます。したがって、情報の中に個人番号等が含まれている場合には、直ちに、マイナンバー法におけるさまざまな規制の対象になります。

特定個人情報に含まれると判断された場合は、たとえマイナンバーの提供について本人が同意している場合でも、マイナンバー法が定める範囲を超えて第三者に提供することは許されません。

また、マイナンバーが記載された情報を集約した特定個人情報ファイルを自由に作成することは、禁止されています。これも第三者に対する提供の場合と同様の扱いとされ、マイナンバー法が定める目的を超えて、特定個人情報ファイルの作成・保管をすることはできません。

■ マイナンバー管理のガイドライン

個人のマイナンバーに関する情報を広く含む特定個人情報は、適切な管理が行わなければなりません。とくに、企業側が特定個人情報を扱う場合などにおいて、確立した管理体制を整えることが期待されています。

もっとも、企業側にとって「どのような行為において特定個人情報を適切に管理することになるのか」を具体的に明らかにしておく必要があります。

そこで、企業側の1つの指針とするため、特定個人情報の適正な取扱いに関するガイドラインが策定されています。ガイドラインは、民間企業を対象にした策定だけでなく、金融業務者を対象にしたものも作られています。

ガイドラインでは、個人番号等の情報について利用・保管等

目的外の取得・利用・保管

従業員等 →番号の提示→ 会社 →目的外の取得・利用・保管→ 法令違反

罰則の対象にもなる

にあたって、留意すべき点がまとめられています。たとえば、特定個人情報の利用制限に関する定めや、特定個人情報を安全に管理するための措置として安全管理体制を整える必要があることなどです。

そして、特定個人情報の第三者への提供も自由に行えるわけではありません。正当性のある目的である場合に限り、特定個人情報の提供が可能になります。

■ 目的外取得・利用・保管に課せられる罰則とは

企業側が従業員等の個人番号等を扱う際に、目的外の取得・利用・保管をすることは法令違反行為にあたります。

目的外の利用に対しては、マイナンバー法はとくに厳格な態度を示しています。たとえば、全くの第三者に従業員等の個人番号を提示することは法令違反行為です。マイナンバー法では、特定個人番号等を故意に漏えいさせた場合には、4年以下の懲役または200万円の罰金に処せられると定めています。このようにマイナンバー法では、刑罰等の罰則を設けることで、特定個人情報の保護の取締りを行っています。

> **委託先の監督**
>
> 安全管理措置をとる義務を負う企業側は、社会保障や税に関する手続書類の作成事務についての外部委託を行う場合は、委託先に対して、原則として自らが果たすべき安全管理措置と同等の措置が講じられるように必要となる監督を行わなければならない。

特定個人情報に関する安全管理措置

4種類の安全管理措置により多角的に情報の漏えいなどを防ぐ

■ 4つの措置がある

マイナンバー法では、個人情報保護法の下と同様、マイナンバーに関する情報（特定個人情報）に関する安全管理措置について、基本的に4つの安全管理措置を中心にした規定を置いています。具体的には、①組織的安全管理措置、②人的安全管理措置、③物理的安全管理措置、④技術的安全管理措置、という4つの種類に分類されています。

■ 組織的安全管理措置

組織的安全管理措置とは、企業等の体制を整えることでマイナンバーに関する情報等が漏えいすることを防ぐなどの、適切な体制を整備する方法をいいます。

■ 人的安全管理措置

人的安全管理措置とは、マイナンバーに関する事務を処理する者に対する監督や教育のことです。

監督とは、マイナンバーに関する事務を処理する担当者に対して、企業側が監督する体制を整えることをいいます。マイナンバーに関する事務を処理する担当者は、マイナンバーに関する情報の安全管理のために限定されています。そこで、企業側は事務担当者に対して取扱規程に照らした上で、適切にマイナンバーに関する事務を行っているのかを判断する体制を整えておく必要があります。

また、企業側は、実際にマイナンバーに関する事務を担当す

組織的安全管理措置

組織的安全管理措置の中心になるのが組織体制の整備である。具体的には、マイナンバーに関する情報を取り扱う責任者を明確にすることなどをいう。また、マイナンバーに関する事務の処理を複数の部署により行う場合には、各部署が担当する任務を明確に分担しておくことが求められる。

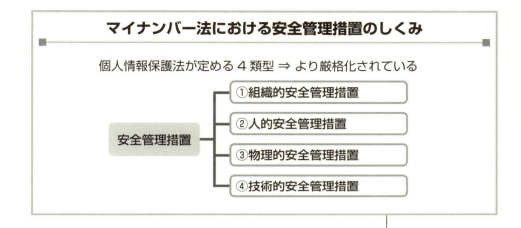

る者のみではなく、従業員に対して適正にマイナンバーに関する事務を処理する必要があることを周知しなければなりません。

■ 物理的安全管理措置

　物理的安全管理措置とは、マイナンバーに関する情報を処理するのに用いる機器や電子媒体などの管理等のことです。

　電子媒体等の管理等とは、たとえば電子媒体に含まれる情報のパスワード化や暗号化など、マイナンバーに関する情報が第三者に対して漏えいすることを防ぐための措置をとることをいいます。

物理的安全管理措置
事務を処理する際に使用する機器や部署等に関する安全管理措置として、企業側は、使用するシステムに対して、ICカードなどによる入退室の管理体制や、管理区域に対する機器等の持込を制限する必要がある。

■ 技術的安全管理措置

　技術的安全管理措置とは、不正アクセスの防止策のことです。重要なマイナンバーに関する情報についてはアクセスできる者を限定しておくことで、情報の漏えいなどを防ぐことができます。

　不正アクセスに対しては、企業側のシステム上の備えとして、具体的にはファイアウォールやウィルス対策ソフトを導入するなどの方法をとるなどで安全管理を行います。

技術的安全管理措置
企業においてマイナンバーに関する情報に接することができる者を、マイナンバーに関する事務を処理する担当者に限定する必要がある。その際に、アクセスできる情報ファイルを限定し、不要な情報にはアクセス権限を与えないようにしておけば、さらに厳格な安全管理体制をとることが可能である。

PART5
10

マイナンバー制度
と実務ポイント

中小規模事業者についての安全管理措置の特例

事業規模を考慮して安全管理措置の緩和措置が認められている

■ 中小規模事業者の安全管理措置

マイナンバー法では、1件でもマイナンバーに関する情報（特定個人情報）を保有していれば、安全管理措置をとらなければならないと規定されています。したがって、1人でも従業員を雇っている事業者ならば、マイナンバーに関する情報に対する安全管理措置をとる義務が課せられます。さらに、極端な話で言えば個人事業主の場合でも、事業主自身のマイナンバーに関する安全措置が必要であるといえます。

しかし、とくに零細企業や中小企業の事業者が、いきなり大企業と同レベルの安全措置を取る必要に迫られた場合、過度の負担が生じることが予想されます。

そこで、中小規模の事業者については、ガイドライン（特定個人情報の適正な取扱いに関するガイドラインに別添の特定個人情報に関する安全管理措置）が設けられています。中小企業は大企業に比べ規模が小さくなることから、特例的な措置としてのガイドラインにより、安全管理措置の一部が緩和されています。

整備する必要がある安全管理措置は、特例の対象外の事業者と同様、①組織的安全管理措置、②人的安全管理措置、③物理的安全管理措置、④技術的安全管理措置の4種類です。

■ 組織的安全管理措置

中小規模事業者に対しては、企業の組織体制の整備に関する特例があります。

中小規模事業者とは
特例措置の対象になる事業者とは、中小規模事業者といわれ、従業員100名以下で、金融分野以外の事業者であり、かつ、個人番号利用実施者等に該当しない事業者をいう。したがって、仮に従業員が100名以下であったとしても、健康保険組合の場合は個人番号利用実施者であるため、この特例措置の対象にはならない。

組織的安全管理措置
組織的安全管理措置とは、企業等の体制を整え、マイナンバーに関する情報等が漏えいすることを防ぐために適切な体制を整えることをいう。

244

中小規模事業者の安全管理措置

マイナンバー法 　1件でもマイナンバーに関する情報を保有する事業者は安全管理措置をとる義務が生じる

中小規模の事業者は負担が大きい

安全管理措置の一部が緩和
（中小規模事業者についての
安全管理措置についての特例）

①従業員が100名以下
②個人番号利用事務実施者ではない
　→健康保険組合は特例の対象外

　まずは、マイナンバーに関する事務を取り扱う担当者と管理責任者を明確にしておく必要があります。ただし、中小規模事業者の場合は、担当者が処理すべき事務の役割分担や、情報が漏えいしてしまった場合における連絡体制の整備に関して詳細に定めることまでは義務づけられていません。
　また、企業には、マイナンバーに関する事務を適正に処理するための取扱規程に沿った運用が期待されていますが、中小規模事業者には取扱規程に沿っていることを確認する場合の特例が規定されています。具体的には、一般的な記録を残す体制さえ整えておけば、個々のマイナンバーの利用状況等に関する詳細な記録は必要ありません。さらに、企業は、マイナンバーに関する情報が漏えいした場合に備えた大まかな連絡体制を整えておく必要がありますが、中小規模事業者には、情報漏えいの事実等に関する公表は義務づけられていません。
　なお、安全管理措置の見直しや改善等に関しても、中小規模事業者の場合は定期的な点検等を行うことで足りるとされています。

人的安全管理措置
人的安全管理措置とは、マイナンバーに関する事務を処理する担当者に対する監督・教育のことをいう。

■ **人的安全管理措置**

人的安全管理措置に関しては、中小規模事業者も他の事業者と同様、マイナンバーに関する事務を担当する者に対して、必要かつ適切な監督ができる体制を整えておく必要があります。また、社員に対する研修等を通じて、マイナンバーに関する事務を適切に処理する取扱いについて周知徹底させる必要があります。

■ **物理的安全管理措置**

物理的安全管理措置についても、中小規模事業者に対する特例が認められています。

他の事業者と共通することには、マイナンバーに関する事務を処理する区域を限定することで保護をしなければならない点や、使用する機器や電子媒体等が盗難等されないように努めなければならない点があります。ただし、中小規模事業者の場合は、電子媒体等を外部に持ち出す際のデータの暗号化等までは義務づけられておらず、電子媒体や書類について、パスワードの設定や封を施して搬送するなどの注意を払えばよいとされています。

■ **技術的安全管理措置**

中小規模事業者についても、外部からの不正アクセスを防止する点や、マイナンバーに関する情報の漏えいを防止するための措置をとる必要がある点では、他の事業者と同様です。

ただし、中小規模事業者には、マイナンバーに関する情報についてアクセスを制御する措置や、アクセス権者の識別・認証に関しての特例が認められています。

具体的には、マイナンバーに関する事務を処理するシステムにアクセスする者の範囲や、アクセス可能な情報の内容に関する制限を設けることは義務づけられていません。

物理的安全管理措置
物理的安全管理措置とは、マイナンバーに関する事務を処理する際の機器や電子媒体の管理等のことをいう。

技術的安全管理措置
技術的安全管理措置とは、おもに不正アクセスの防止等を目的に行われる措置をいう。

中小事業者に認められる安全管理措置の特例

特例の対象		中小規模事業者 (従業員100名以下で、金融・個人番号利用事務実施者等以外)
安全管理措置に関する特例	組織的 安全管理措置	⇨ マイナンバーに関する事務の担当者の役割分担、情報漏えい時の連絡体制の構築は義務づけられていない ⇨ 取扱規程に基づく運用の確認 　⇒個々の利用状況等についてまで記録を残す必要はない
	人的 安全管理措置	⇨ 他の事業者と同様(特例的措置はない)
	物理的 安全管理措置	⇨ 電子媒体の持ち出し 　⇒パスワードの設定または封を施せばよい。データの暗号化は不要 ⇨ マイナンバーを含む情報の削除・廃棄 　⇒焼却や溶解等の措置までは不要
	技術的 安全管理措置	⇨ アクセス権者の限定や、アクセス可能な情報の制限は義務ではない ⇨ アクセス権者の認証方法 　⇒磁気カードやICカードを用いる義務はない ⇨ 使用機器の限定 　⇒義務ではなく「望ましい」とされているにとどめる ⇨ 使用機器を使用する担当者を限定する義務はない

　また、アクセス権者に対する認証方法として、磁気カードやICカードを用いなければならないという他の事業者に認められている義務も、中小規模事業者に関しては定められていません。マイナンバーに関する事務を処理するのに用いる機器等を限定しておき、その機器等を使用する物を限定しておくことが望ましいとされているにすぎません。

　システム担当者の限定についても、使用機器等に標準に装備されているユーザー制御機能を用いることで足り、それ以外の特別な措置を施すことにより担当者を限定することまでは要求されていません。

PART5-11 マイナンバー制度と実務ポイント

業務委託と安全管理措置

本人確認作業は、監督等を行うことにより業務委託を行うことができる

■ 本人確認作業を外部に業務委託することはできるのか

マイナンバー制度における本人確認作業は、外部に業務委託することができます。

外部への業務委託により、企業のマイナンバーに関する事務にあたっての負担が軽減され、マイナンバー制度の利用が活発になることが期待されています。

■ 委託は「丸投げ」ではない

マイナンバーに関する情報を扱う事業者は、マイナンバーについての事務（個人番号関係事務・個人番号利用事務）の全部または一部を他の事業者に対して委託することができます。

ただし、委託者である事業者が委託先へ委託したらすべて終了、というわけではありません。本来は事業者が行うべき、マイナンバーという個人のプライバシーにもかかわる事務を委託することから、委託を行う場合には相手方としてふさわしい相手を厳しく選定し、マイナンバーに関する情報がみだりに漏えいしないように配慮する必要があります。

また、委託した場合でも、事業者は安全管理措置についての監督責任を負います。また、委託先がどのような体制の中でマイナンバーに関する情報を取り扱っているのかを常に把握できるよう、委託先に対して報告を求めることも必要です。

■ 委託先の選定について

マイナンバーに関する事務の委託を行う場合の選定基準は、

> **代理**
> 業務委託以外で、本人確認手続きを他人に行わせる方法として、代理がある。代理を行う場合は、代理人の身元確認や代理人の個人番号カードなどの提示が必要になる。

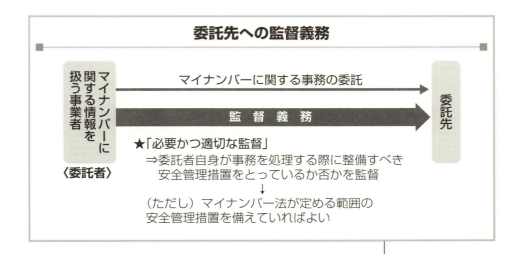

マイナンバーに関する情報についての委託先の安全管理措置のレベルを見極めることが重要です。事業者は、委託することでマイナンバーに関する情報が漏えいしないように監督する責任を負います。したがって、委託先を選定する場合は、マイナンバーに関する事務を事業者自身が処理する場合にクリアするレベルの安全管理措置を備えているかが必要な基準となります。

委託先の選定基準
委託先の候補としての事業者の経営状態や設備・技術レベルが、マイナンバーの安全管理措置をとる上で必要十分であるか否か、または、従業員に対して、マイナンバーに関する情報についての教育や監督を適切に行うことができるか否かが基準になる。

■ 委託先の監督について

委託者は委託先に対して、安全管理措置に関する監督責任を負います。そしてマイナンバー法は、この監督責任について「必要かつ適切な監督を行わなければならない」と規定しています。

委託者が負う監督責任の基準とは、本来委託者が負担する安全管理措置を委託先においても実施可能かという点です。つまり、委託者自身が委託するマイナンバーに関する事務を処理する場合に義務づけられるレベルの安全管理措置を、委託先が実現できるように監督しなければなりません。なぜなら、委託先においてマイナンバーに関する情報が漏えいしたような場合には、委託先だけでなく、監督として十分な措置をとらなかった

として、委託者もマイナンバー法違反の責任を追及されるおそれがあるためです。

委託者は、委託先が自らが事務を処理するのと同様の安全管理措置をとっているのかを適切に把握する必要があります。

なお、委託者が、マイナンバー法（さらには、ガイドライン）が要求するレベルよりも高度な安全管理体制をとっている場合もあります。この場合、委託者は委託先に対して、自分自身と全く同様の高度な安全管理措置を整えるように監督する責任を負うわけではありません。あくまでも、マイナンバー法が定めるレベルの安全管理措置をとるように監督することを怠った委託者に対して監督責任を追及する趣旨であるため、マイナンバー法が定めるレベルの安全管理措置の監督責任を果たしていれば十分であると判断されます。

■ 安全管理措置を遵守させるための契約について

委託者の監督責任の一環として、委託先に安全管理措置を遵守させるための委託契約を締結する必要があります。

具体的には、①マイナンバーに関する情報に関する秘密保持義務、②事業所からマイナンバーに関する情報を持ち出すことを制限する条項、③目的外の利用を禁止する規定を盛り込むこと、などがあります。

また、あらかじめマイナンバーに関する情報が漏えいしたような場合の責任の内容や、利用目的が終了したような場合のマイナンバーに関する情報の破棄・返却、そして従業員に対する教育体制のあり方や安全管理措置を遵守していることの報告を求める内容などを委託契約の内容に入れておけば、委託者が監督責任を行う上で有益だといえます。

もっとも、移譲の契約の方式は基本的には自由であり、書式などに厳格な規定はありません。

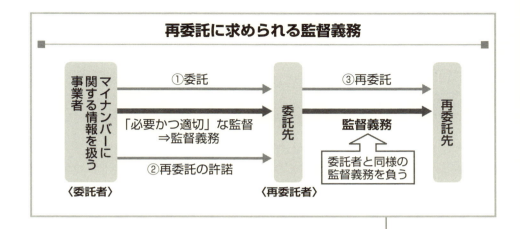

■ 委託先が直接番号を収集することは可能か

マイナンバーに関する事務の委託を受けた委託先が事務を処理するにあたり、必要となるマイナンバーに関する情報を自ら収集できるかについては、委託者と委託先の間で交わされる委託契約の内容により異なります。

あらかじめ、委託契約の内容に「委託先が直接マイナンバーに関する情報を収集することができる」と定めておいた場合は、委託先は、委託者の適切な監督の下で、直接マイナンバーに関する情報を収集することができます。

■ 再委託について

マイナンバーに関する事務の委託を受けた者は、その事務を処理するため、さらに別の事業者に対して再委託を行うことができます。マイナンバー法でも、最初の委託先の許諾を要件に、再委託を認めています。再委託を行う場合には、再委託者（もともと委託を受けていた事業者）は、安全管理措置を適切にとることができるかという観点から、再委託先を選定することになります。また、再委託先に対して再委託者は、委託者と同様に監督義務を負います。

> **再委託**
> 個人情報の再委託については、以前は個人情報保護法に基づき管理されていたが、マイナンバー法の導入により、マイナンバーを含む個人情報の委託に関する管理は一元化される。

PART5 12

マイナンバー制度と実務ポイント

データの保存期間や廃棄・削除・漏えい対策

不要になった個人番号に関する情報は廃棄しなければならない

■ どんなことが必ず必要になるのか

企業が、従業員等から提示を受けた個人番号等については、その管理・利用は適切かつ厳格に行われる必要があります。また、取得した個人番号等の目的外の取得・利用・保管はマイナンバー法において禁止されています。

■ 保管期間が過ぎると廃棄する必要がある

マイナンバー法により法定保存期限がある書類・帳票については、法定保存期限が過ぎた場合は廃棄しなければなりません。法定保存期限がある書類・帳票には、おもに雇用契約書、賃金台帳、扶養控除等申告書などがあります。

■ 廃棄の際に気をつけること

廃棄の際には、次の点に気をつける必要があります。

① 廃棄する書類・台帳の単位

たとえば、個人番号が記載されている1つの書類を複数の目的のために使用している場合は、すべての目的が達せられた時点で書類を廃棄する必要があります。これに対して、事務処理ごとに個人番号を複数保管している場合は、個別に書類を廃棄することになります。

② 廃棄のタイミング

マイナンバー法では、法定保存期限を定めています。法定保存期限が定められた書類・台帳は、期限内に廃棄してはいけません。法定保存期限内はその書類・台帳を保管する義務があり、

法定保存期間の特例

法定保存期限が記載されている書類、台帳であっても、個人番号が記載されているものには法定保存期限がないことに注意する必要がある。なぜなら、個人番号そのものに法定保存期限がなく、個人番号が記載してある書類・台帳も同様の扱いとなるためである。

データや書類の廃棄

マイナンバーに関するデータや書類 → 法定保存期間の経過 ⇒ 「できる限り速やかに」廃棄する必要がある

修復不可能なほどの削除や、または、マスキング(画像の処理方法の１つ)等で許される場合もある

法定保存期限を過ぎた後に、できる限り速やかに書類・台帳を廃棄する必要があります。

③ 廃棄の方法

廃棄の方法は、復元不可能な形で行わなければなりません。データ上の情報であれば、データ部分の削除が求められます。一方、紙ベースの情報であれば、シュレッダーの利用が効果的です。または、情報の部分を黒く上塗りすることで部分的な廃棄が可能です。

管理者も含め、二度と個人番号等の情報を見ることができない状態にする必要があります。

> **廃棄**
> 廃棄とは、法定保存期限を過ぎた後に、一刻も早くという意味ではない。可能な限り早く廃棄する必要がある、という程度の趣旨である。

■ 番号を漏えいした場合の対応と対策

従業員等は、自らの個人番号等が不当に漏えいされた場合、同じ個人番号等を使用し続けることによるさまざまな支障が考えられるため、本人や地方公共団体の申請により、例外的に個人番号等を変更することができます。

ただし、企業側は自動的に新しい個人番号を取得できるわけではありません。新しくなった個人番号等について、改めて従業員等から提示を受ける必要があります。

Column

マイナンバー法の罰則規定

　マイナンバー法では、かなり厳しい罰則を定めています。たとえば、マイナンバーの利用に関して、業務で取り扱う特定個人情報ファイルを故意に（わざと）漏えいした者は、4年以下の懲役または200万円以下の罰金が科されます。また、業務に関して知りえた個人情報を不正に提供・盗用した場合、3年以下の懲役または150万円以下の罰金が科されます。これらは、懲役と罰金が同時に科されることもあります。

　人を欺き、暴行または脅迫行為、または財物の窃取、施設への侵入、不正アクセス行為等により個人番号を取得した場合は3年以下の懲役または150万円以下の罰金が科されます。さらに、偽り、または不正の手段により通知カードまたは個人番号カードの交付を受ける行為をした場合でも、6か月以下の懲役または50万円以下の罰金が科されます。

　なお、法人の従業員が罰則の対象となる行為を行った場合、従業員だけではなく、従業員が所属する法人にも罰金刑が科される場合があります。また、従業員が個人番号等を悪用した場合、管理体制の不備を理由とする罰則もあります。

罰則のまとめ

対象	行為	罰則（法定刑）
企業をはじめ、個人番号利用事務等に従事する者など	正当な理由なく業務で取り扱う特定個人情報を漏えいする	4年以下の懲役または200万円以下の罰金（併科の場合あり）
	業務に関して知り得た個人番号を不正に提供、または、盗用する	3年以下の懲役または150万円以下の罰金（併科の場合あり）
すべての者	人を欺き、暴行・脅迫により、または、財物の窃取、施設への侵入、不正アクセス等により、個人番号を取得する	3年以下の懲役または150万円以下の罰金
	偽り、その他不正な手段により通知カード、個人番号カードの交付を受ける	6か月以下の懲役または50万円以下の罰金

| 参考資料 | 税務関係書類への法人番号・マイナンバーの記載時期 |

税目	原則	平成28年中に記載する場合
所得税	平成28年1月1日の属する年分以降の申告書から	・年の中途で出国する場合 　出国の時まで ・年の中途で死亡した場合 　相続開始があったことを知った日の翌日から4か月を経過した日の前日まで
贈与税	平成28年1月1日の属する年分以降の申告書から	・年の中途で死亡した場合 　相続の開始があったことを知った日の翌日から10か月以内
法人税	平成28年1月1日以降に開始する事業年度に係る申告書から	・中間申告書を提出する場合 　事業年度開始の日以後6か月を経過した日から2か月以内 ・新設法人・決算期変更法人 　決算の日から2か月以内
消費税	平成28年1月1日以降に開始する課税期間に係る申告書から	・個人事業者が年の途中で死亡した場合、相続開始があったことを知った日の翌日から4か月を経過した日の前日まで ・中間申告書を提出する場合 ・課税期間の特例適用
相続税	平成28年1月1日以降の相続または遺贈に係る申告書から	・住所及び居所を有しないことになる場合 　住所及び居所を有しないことになる日まで
酒税・間接諸税	平成28年1月1日以降に開始する課税期間（1か月分）に係る申告書から	
法定調書	平成28年1月1日以降の金銭等の支払等に係る法定調書から	（例） ・配当、剰余金の分配および基金利息の支払調書は、支払の確定した日から1か月以内 ・退職所得の源泉徴収票は、退職の日以後1か月以内
申請書・届出書	平成28年1月1日以降に提出すべき申請書等から	

【監修者紹介】
加藤　知美（かとう　ともみ）
社会保険労務士。愛知県社会保険労務士会所属。愛知教育大学教育学部卒業。
総合商社、会計事務所、社会保険労務士事務所勤務を経て、「エスプリーメ社労士事務所」を設立。
総合商社時代は、秘書・経理・総務が一体化した管理部署のリーダーとして指揮を執り、苦情処理に対応。人事部と連携し、数々の社員面接にも同席。
会計事務所、社会保険労務士事務所勤務時代は、顧問先の労務管理のかたわら、セミナー講師としても活動。
現在は、ＮＰＯ法人「ジコサポ名古屋」に所属し、交通事故専門士としても活動中。専門家の立場から、交通事故の被害者への労災サポート支援を行っている。

エスプリーメ社労士事務所
専門知識をわかりやすく伝え、理解を得ることをモットーに、文章能力を活かしたオリジナルの就業規則・オリジナルの広報誌作成事業の2本柱を掲げ、企業の支援に取り組んでいる。
〒468-0033　名古屋市天白区一つ山3丁目34番地
TEL：052-720-5533　FAX：052-720-5534
http://esprimesr.wix.com/esprime-sr-office

図解で早わかり
最新　総務・人事・労務の法律と手続き

2015年11月10日　第1刷発行

監修者　　加藤知美
発行者　　前田俊秀
発行所　　株式会社三修社
　　　　　〒150-0001　東京都渋谷区神宮前2-2-22
　　　　　TEL　03-3405-4511　FAX　03-3405-4522
　　　　　振替　00190-9-72758
　　　　　http://www.sanshusha.co.jp
　　　　　編集担当　北村英治
印刷・製本　萩原印刷株式会社
©2015 T. Katou Printed in Japan
ISBN978-4-384-04659-5 C2032

®〈日本複製権センター委託出版物〉
本書を無断で複写複製（コピー）することは、著作権法上の例外を除き、禁じられています。本書をコピーされる場合は事前に日本複製権センター（JRRC）の許諾を受けてください。
JRRC（http://www.jrrc.or.jp　e-mail：info@jrrc.or.jp　電話：03-3401-2382）